Impressum

Bildnachweis:

Archiv Dirk Tietenberg: Umschlag, S. 4, 5, 6 o./u., 7, 8, 9, 10 o., 11 o., 12, 17, 18 o./u., 10 o./u., 20 o.l./o.r./u., 21 o./u.l./u.r., 22 l./r., 25 u., 26, 27, 28, 31 u., 34, 37 r., 43, 46, 52, 53, 58, 59, 60, 61 o./u., 63; Bettina Deuter: S. 14, 35; Sammlung Miriam Lücke, Foto Rienäcker: S. 24, 38; Playmobil: S. 25 o.; Archiv Nina Svensson: S. 29; Sony Music, www.dreifragezeichen.de: S. 32; Dieter Schütz / pixelio.de: S. 33; Stadtarchiv Bonn: S. 39; Tobias Zeller / pixelio.de: S. 41; Heinrich Bauer Smaragd KG: S. 44; Smilingsun.org / 00A Fonden: S. 55; Foto Rienäcker S. 57;

ullstein bild – dpa: S. 10 u., 30, 56; ullstein bild – Teutopress: S. 13 l./r.; ullstein bild – Röhnert: S. 31 o., 42 u.; ullstein bild – ARTCO-Berlin: S. 36; ullstein bild – Harry Hampel: S. 37 l.; ullstein bild – mirrorpix: S. 40; ullstein bild – HM Sewcz: S. 42 o.; ullstein bild – United Archives: S. 45, 49; ullstein bild – Scherhaufer: S. 47; ullstein bild – Klöckner: S. 54;

picture-alliance / dpa | dpa: S. 15; picture-alliance / ZB | Matthias Hiekel: S. 16.

Wir danken allen Lizenzträgern für die freundliche Abdruckgenehmigung.
In Fällen, in denen es nicht gelang, Rechtsinhaber an Abbildungen zu ermitteln,
bleiben Honoraransprüche gewahrt.

9. Auflage 2021
Alle Rechte vorbehalten, auch die des auszugsweisen
Nachdrucks und der fotomechanischen Wiedergabe.
Gestaltung und Satz: r2 | Ravenstein, Verden
Druck: Druck- und Verlagshaus Thiele & Schwarz GmbH, Kassel
Buchbinderische Verarbeitung: Buchbinderei S. R. Büge, Celle
© Wartberg-Verlag GmbH
34281 Gudensberg-Gleichen • Im Wiesental 1
Telefon: 056 03/9 30 50 • www.wartberg-verlag.de
ISBN: 978-3-8313-3071-3

für kuschelige Leseabende

Kühne Helden auf vier Pfoten!

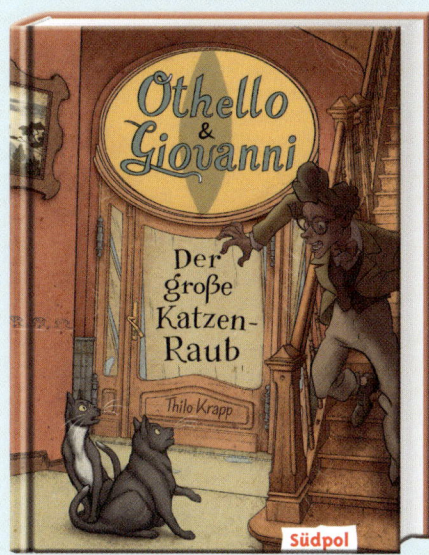

Der verrückte Wissenschaftler Dr. Waldemar Wummering hat einen Plan: Aus 100 Katzen will er das Sieben-Leben-Gen gewinnen! Giovanni und sein Zwillingsbruder Othello ahnen nichts von der Bedrohung. Erst als Othello eines Tages von einem Jagdausflug nicht mehr nach Hause kommt, ist Giovanni klar, dass etwas Schreckliches passiert sein muss. Und so begibt er sich auf eine gefahrvolle Suche ...

»Klein sind die Helden in diesem packenden Tierkrimi, aber sie sind mutig und erfinderisch« Kilifü

»Spannend und mit viel Humor und mit schön schrulligen Figuren. Die machen auch beim Vorlesen Spaß.«
Frank M. Reifenberg, eselsohr

Othello & Giovanni – Chaos auf der Katzenschau
184 Seiten, geb., s/w-Illus, 12,90 €
ISBN 978-3-943086-54-6

Band 2: Chaos auf der Katzenschau

Kinderleichte Lieblingsrezepte aus Schweden

Köttbullar & Co

Ein Kochbuch für alle kleinen Küchenchefs! Schwedische Kinder präsentieren ihre Lieblingsrezepte. Kinder werden ihren Spaß an den einfachen Rezepten haben und können mit diesem Buch prima alleine in der Küche werkeln. Ob Rührei, Arme Ritter, Köttbullar oder Spagetti mit Hackfleischsoße – hier findet jedes Kind sein Lieblingsessen! Viel Spaß beim Kochen und guten Appetit!

48 Seiten, gebunden 200 x 270 mm, durchgängig farbig
12,90 € (D)/13,30 € (A), ISBN 978-3-943086-09-6

»Schon beim ersten Blättern bekommt
man Lust, den Herd anzuschmeißen«
Kilifü

Süße Rezepte aus Schweden – lecker!

Backen wie in Bullerbü

Das Backbuch für alle, die leckere Muffins, Kekse und Kuchen lieben! Kinderleichte Rezepte mit Zutaten, die man (fast) alle in der Küche vorrätig hat, Schritt für Schritt erklärt und einfach nachzumachen. Damit können Kinder selbstständig in der Küche arbeiten und alle mit ihren Backkünsten überraschen.

48 Seiten, gebunden 200 x 270 mm, durchgängig farbig
12,90 € (D)/13,30 € (A), ISBN 978-3-943086-06-5

»Diese einfachen Rezepte machen
Kinder zum Küchenstar!«
Leben & erziehen

Dirk Tietenberg

Wir
vom Jahrgang
1971

Kindheit und Jugend

Vorwort
Liebe 71er!

Irgendwann stand der Sandkastenfreund wieder bei mir auf der Matte. Er ist vom Jahrgang 1971 wie ich. Und er besitzt die angenehme Eigenschaft, zum Einschlafen einen Fall der „drei ???" mitzulösen. Das sind die Momente, da wir uns die Frage stellen: Wie war das damals, auf einem Bonanza-Rad mit Stützrädern das Radfahren zu lernen? Wie schmeckte das Flutschfinger-Eis, wie die erste Cola, die erste Zigarette, das erste Bier, der erste Kuss?
Mit Wimmelbildern und Comics holten wir uns die Bilder unserer Welt zur Abwechslung mal nicht aus der Glotze. Wie man Kaugummi herstellt oder Brötchen oder wie die Eier in der Pappschale landen, hatte die Sendung mit der Maus uns beigebracht. Die Welt da draußen erkundeten wir mit allerhand Fahrzeugen. Dann träumten wir von den Autos, die wir selbst mal fahren würden. Heute müssen wir plötzlich auf eine Umwelt Acht geben, die noch in Ordnung schien, als wir Kinder waren und träumten.
Wie in jeder Generation trennte die Pubertät uns in die Rebellischen und die Mitschwimmer. Die Jugendkultur stob in nie gekannter Weise auseinander. Verschiedene Musikstile, eigenartige Modetrends und andere Ansichten bildeten sich heraus. Letztendlich bildete sich dann auch eine politische Meinung. Wir haben es nur nicht gelernt, sie richtig zu vertreten. Vor dieser persönlichen Lebensaufgabe sollte dennoch kein 71er zurückschrecken, denn: „Wir übernehmen jeden Fall!"

Dirk Tietenberg

Späte Reife

Mutter zeigte Bein, Baby trug Mütze.

Mama trug kurz

Riesling benötigt keine hitzige Umgebung. Die Sonne muss auch nicht ständig scheinen für die edlen Trauben. Deshalb gedeiht dieser Wein gerade am Rhein, an der Mosel oder an der Saar so fabelhaft. Der Jahrgang 1971 gilt als der beste. Wie die Rebsorte, gelangte auch der 1971 Geborene erst spät zu voller Reife. Es gibt viele Gründe für die Spätzündung jener Spezies, die „Generation Golf", „Generation Internet" oder auch „Generation X" genannt wird. Die Kindheit verlief weitestgehend unbeschwert. Keine Kriege mit deutscher Beteiligung, keine gefährlichen Naturphänomene. Eine florierende

Chronik

3. Mai 1971
Walter Ulbricht tritt als Generalsekretär des ZK der SED zurück. Nachfolger wird Erich Honecker.

15. September 1971
Die Umweltschutzorganisation Greenpeace wird im kanadischen Vancouver gegründet.

3. Dezember 1971
Die USA, Frankreich, Großbritannien und die Sowjetunion unterzeichnen in Berlin das Viermächte-Abkommen (Berlinabkommen), das unter anderem den Bestand von Westberlin auf Dauer und die Transitwege zur Bundesrepublik sichern sollte.

10. Dezember 1971
Willy Brandt erhält den Friedensnobelpreis für seine auf Entspannung und Annäherung orientierte Ostpolitik.

30. Januar 1972
Beim Blutsonntag („Bloody Sunday") im nordirischen Derry erschießen britische Fallschirmjäger 13 Menschen bei Demonstrationen gegen die Regierungsgewalt Großbritanniens in Nordirland.

29. April 1972
Homosexuelle veranstalten die erste Schwulen-Demonstration in der Bundesrepublik in Münster. Daraus entstand 1979 der „Christopher Street Day".

15. Juni 1972
Ulrike Meinhof wird bei Hannover von der Polizei ergriffen und als RAF-Terroristin festgenommen.

5. September 1972
Die palästinensische Terrorgruppe „Schwarzer September" überfällt die israelische Mannschaft bei den 20. Olympischen Spielen in München. Alle elf Geiseln, fünf Terroristen und ein deutscher Polizist werden getötet.

18. September 1973
Die Bundesrepublik und die DDR werden Vollmitglieder der Vereinten Nationen (UNO).

6. Oktober 1973
Der Oktober-Krieg (bis 26. Oktober) zwischen Ägypten, Syrien auf der einen und Israel auf der anderen Seite löst unter anderem die Ölkrise aus.

Väter hatten immer häufiger „Fahrdienst".

Wirtschaft und Wachstum prägten die Umgebung der Kinder: eingehüllt vom prägnanten Geruch jener Mütter, die sich das indische Patschuli gießkannenartig auf die Haut tröpfelten. Mama trug kurz: Hot Pants und Mini-Röcke. Väter trugen lange Haare und schoben ab und zu sogar den knallig roten Kinderwagen mit wasserabweisender Kunststoffbekleidung spazieren. Wirtschaftlich ging es den Erwachsenen in Deutschland besser denn je. Bei sonstiger Vollbeschäftigung durften sie sich mehr oder weniger sorgenfrei aufs Wickeln, Füttern und „Verwöhnen" konzentrieren. Die 71er sollten sich nichts vormachen: Die meisten von uns sind als Prinzessinnen und Prinzen aufgewachsen.

In Stoff gewickelt, in Watte gepackt

Dabei hatte dieser erlesene Jahrgang offenbar das immer seltener werdende Glück, überhaupt geboren zu sein. Im Juni 1971 titelte der „Stern" auf einem damals skandalösen Umschlag: „Wir haben abgetrieben!" 374 deutsche Frauen erklärten darin, sie hätten gegen den Paragraphen 218 verstoßen. Jene Babys, die den Weg durch den Muttermund geschafft hatten, wurden herzlich willkommen geheißen in einer Welt mit medizinischer Rundumbetreuung. Und dann – ab in die Pampers? Denkste. Die Popos der 71er waren in Stoffwindeln gewickelt. Die Alternative, Einlagen mit Gummihosen, markierten die Vorhut der späteren Pampers, die erst 1973 auf den deutschen Markt kamen. Wer das Plastiktöpfchen als Ort der Notdurft bevorzugte, blieb von den kratzigen „Bündchen" verschont. Ansonsten bekam diese Generation kräftig den Hintern gepudert. Die Luft der Kinderzimmer war Penaten- und Nivea-geschwängert. Der Geruch setzte sich in den Frottee-Stramplern fest. Auch bei den Waschorgien in den beigefarbenen Kunststoff-Schüsseln streuten die Eltern ordentlich Waschmittel ins Leitungswasser, um den keimfreien Körper anschließend in Körperlotion zu duschen.

... und rosarot das Badezimmer: der Riesenspaß mit Papa in der Wanne.

„Mein Bauch gehört mir" – der Paragraph 218

Grundsätzlich stand und steht der Schwangerschaftsabbruch unter Strafe. In scharf geführten Diskussionen forderten Vertreter der Frauenbewegung energisch die Abschaffung des berühmten Paragraphen 218. Alice Schwarzer, zuvor in Frankreich aktiv, tat sich hier besonders im Jahr 1971 hervor mit der Aktion und dem gleichnamigen Buch: „Frauen gegen den § 218". Der Paragraph blieb. Ab 1972 war es deutschen Frauen nach Diskussionen unter der Regierung Willy Brandts möglich, die Schwangerschaft bis zur zwölften Woche abzubrechen. Seit Anfang der 70er-Jahre bekannten sich in der Bundesrepublik immer mehr Frauen in Anzeigenkampagnen öffentlich zur Abtreibung. Der Kampf um das Recht auf Schwangerschaftsabbruch geht auf die Frauenbewegung in den 60er-Jahren zurück. Daher stammt auch der Spruch: „Mein Bauch gehört mir."

Kontrolle ist besser: Mit dem orangefarbenen Babypass ging's zum Kinderarzt.

Steril statt Stillen: Pulver und Spray

Praktische Errungenschaften der Technik wurden erstmals an den Babys ausprobiert. Elektrische Flaschenwärmer halfen den Mamis beim Einstellen der richtigen Nuckeltemperatur. Das Milupa-Milchpulver machte sie alle groß. Langes Stillen war „out", Flaschenkinder modern und sowieso gut für die mütterliche Selbstverwirklichung. Das Kartoffel-Möhren-Allerlei aus den Alete-Gläschen versorgte die kleinen Breifans schon damals mit dem Nötigsten. Immerhin: Die erste Generation Ernährungsberater wies Eltern darauf hin, dass natürliches Gemüse allemal besser sei als die Fertigkost aus der Konserve. Den Gipfel der sterilen Arthaltung mussten die Babys allerdings im Geheimen über sich ergehen lassen. Während ein Schnuller im Mund des stillen Kindes

1. bis 3. Lebensjahr

friedlich seinen Dienst tat, sprühte ein Elternteil die anderen Nuckis mit dem damals gängigen Desinfektionsmittel ein. Wickeltisch, Kinderwagen, Flasche, Schnuller – alles sprühten sie steril, auf dass kein Bakterium Platz finde im schwachen Körper des Kleinkindes. Ob davon ein Schaden blieb? Man weiß es nicht. Die Schulmedizin sorgte sich jedenfalls sehr um den Nachwuchs. Das gefühlte Untersuchungsintervall betrug zwei Wochen. Geimpft wurde, was die Nadel hergab. Als Zeichen damaliger Fürsorge trägt die Generation 1971 heute noch eine Markierung am Oberarm. Um den Pocken vorzubeugen, stachen die Ärzte den jungen Patienten mit einem Stempel ein Stück Haut aus der Schulter.

Den Naturschutz in der Wiege

Trotz eines ersten Kreischanfalls im Kreißsaal wusste noch niemand, dass die 71er der Umweltschutz und der wirtschaftliche Wohlstand ein halbes Leben lang später so stark beschäftigen würde. Die Verantwortung dafür bekamen wir in die Wiege gelegt. In der Stadt strömte ein merkwürdiger Mix aus verbrannter Kohle, Öl und Benzin in den Kinderwagen. Auf dem Land rochen die ersten Atemzüge nach chemischen Düngemitteln, die nach dem Ende des Zweiten Weltkrieges immer drastischer den Kreislauf der Landwirtschaft bestimmten. In entlegenen Ecken der Welt vernichteten Atombomben ganze Landstriche für Jahrzehnte. Nach Atomtests der USA in Alaska formierte sich am 15. September 1971 im kanadischen Vancouver die bis heute größte Gegenbewegung: Greenpeace wurde gegründet. Schon zwei Wochen später beschloss die Bundesregierung ein Umweltprogramm. Die Vereinten Nationen (UNO) folgten wenige Monate später mit einer internationalen Erklärung angesichts der Probleme und gründeten 1972 die UNEP, Ex-Umweltminister Klaus Töpfer stieg 1998 in die UNEP als Exekutivdirektor ein.

Neugiernase im ersten „Cabrio".

Greenpeace

Die „Greenpeacer" der ersten Stunde heißen Irving Stowe, Jim Bohlen oder Paul Cote. Die Gründung der internationalen Umweltschutzorganisation folgte auf eine typische Aktion: Stowe, Bohlen und Cote gehörten zur Crew der „Phyllis Cormack", die im September 1971 vor der Küste Alaskas einen US-amerikanischen Atomtest verhindern wollte. Aus der Initiative „Don't Make A Wave Committee" formten die Friedensaktivisten die Aktion „Greenpeace" und anschließend die größte Umweltinitiative der Welt. Das Programm hat sich seitdem kaum geändert: mit „konfrontativer, polarisierender Kampagnen-Arbeit" will Greenpeace die Öffentlichkeit auf Umweltsünden aufmerksam machen. Nach einer erfolgreichen Aktion an der Wesermündung gegen den Giftmülltanker „Kronos" im Oktober 1980 baute der Umweltschützer Harald Zindler das erste deutsche Greenpeace-Büro auf.

Trecker fahr'n: der erste Berufswunsch.

„Generation Golf" oder „Generation X"

Von einer derart schwierigen Lebensaufgabe konnten die Würmchen von damals nichts wissen. Sie profitierten vom Wohlstand, eiferten später in Kettcars, mit Matchboxautos und Carrera-Bahnen ihren großen mobilen Vorbildern nach – bekamen letztlich das Etikett „Generation Golf" angeheftet. Die 71er sind es gewohnt, mobil zu sein. Sie fanden es als Kinder selbstverständlich, dass die Eltern immer größere Autos fuhren, immer mehr Bagger neue Straßen bauten und eine bunte Produktpalette immer mehr Müll produzierte. Wen kümmert's? Die sogenannte „Generation X". Nach dem gleichnamigen Roman des kanadischen Autors Douglas Coupland kämpft die „Generation X" erstmals ohne Kriegseinwirkung gegen Wirtschafts-, Ökologie- und Identitätskrisen. Charakteristisch ist, dass diese Generation für die Umweltsünden der Eltern büßen muss. Dabei hatten es unsere Vorfahren stets gut gemeint mit dem Fortschritt. Anders die „Generation X". Sie ist aufgeklärt, kennt die Folgen der Umweltbelastung, will aber möglichst nicht von der

antrainierten Liebe zur rasanten Technik lassen. „Wir verprassen die Erbschaft unserer Kinder" steht stattdessen auf den Auto-Aufklebern der zynischsten Vertreter aus der 71er-Generation.

Der ganze Stolz: Vaters Coupé – wieder sonnengelb.

Das erste Gesicht hieß Willy

Neben Mama und Papa war das Konterfei des Bundeskanzlers das Gesicht des Jahres 1971. Willy Brandt war nach seinem symbolischen Kniefall im Jahr zuvor allgegenwärtig. US-amerikanische, italienische und französische Zeitungen ehrten unsern „Willy" zum Mann des Jahres 1970, dem „Erneuerer der Weltpolitik". Das sahen die Honoratioren in Oslo ähnlich. Im Dezember 1971 erhielt der deutsche Bundeskanzler den Friedensnobelpreis.

Bereits im Mai hatte sich im Osten ein weiterer deutscher Politiker aufgemacht, die Geschichte zu verändern – das sollte allerdings erst viel später geschehen und in einem ganz anderen Sinne. Erich Honecker trat die Nachfolge des zurückgetretenen Walter Ulbricht als Erster Sekretär des Zentralkomitees der SED an.

Mann des Friedens: Willy Brandt erhielt 1971 für seine „Neue Ostpolitik" die Friedensnobelpreis-Medaille.

Die mobile Revolution

Durch diese bewegte Welt zwischen
Umweltverschmutzung, Frauenbewegung, politischer Spaltung der Linken
und neuer Ostpolitik wurden die
Babys in fantasievollen Kinderwagen
durch die Gegend gefahren. Die Zeit
der „getunten" Vierräder war vorüber,
praktischer Kunststoff und Plastik sorgten für perfekte Abwaschbarkeit und
ließen keinen Wassertropfen durch. Mit einer wahrhaft revolutionären Erfindung
sorgte der britische Flugzeugkonstrukteur Owen MacLaren für Entspannung an
den Bus- und Tramhaltestellen. Der „Buggy" kam in Deutschland auf den Markt
– MacLaren kümmerte sich um die Verbreitung der Kleinkind-Flitzer, andere
Hersteller zogen Anfang der 70er-Jahre nach.

Werbespot der Wirklichkeit

*Die erste Sendung mit der Maus kam am
10. März 1971 über den WDR-Sender und
hieß damals „Lach- und Sachgeschich-
ten". Aus der Bildergeschichte „Maus im
Laden" von Isolde Schmitt-Menzel
entwickelte sich das feste Bindeglied
zwischen Sach- und Lachgeschichte.
Gerd Müntefering, der damalige Chef des
WDR-Kinderprogramms, entschied sich
für einen neuen Namen: „Wenn unsere
Zuschauer sowieso immer nur von der
Sendung mit der Maus reden, dann
nennen wir sie auch so." Im Januar 1972
folgte die Umtaufung. Seit 1973 wird der
Einstieg in die Sendung jeweils in einer
Fremdsprache wiederholt. In diesem Jahr
gab's auch den ersten zahlreicher
Fernsehpreise, den Bambi. 1975 bekam
die Maus Gesellschaft: Der Elefant
trompetete zum Augenklappern der
orangefarbenen Heldin. Die Macher der
Maus sind zum Teil heute noch an der
„Sendung mit der Maus" beteiligt: zum
Beispiel die Stimme Armin Maiwalds.
„Wir wollten Werbespots der Wirklichkeit
machen", erklärt Maiwald das damalige
Motiv für die Sachgeschichte. Die erste
hieß übrigens „Das Brötchen".*

1. bis 3. Lebensjahr

Der „Soundtrack 1971"

Mediale Fernsehstars waren erst auf dem Weg dahin, die Kinderzimmer zu erobern. Erste Comic-Figuren aus Filmen wie Bugs Bunny oder Mickey Mouse hatten bereits in einigen Haushalten den guten alten Teddy ausgestochen. Die Sesamstraße gab es zwar schon, aber nur in den USA. Eine Welt ohne Ernie und Bert kann sich wahrscheinlich kein 71er mehr vorstellen – aber es gab sie. Erst 1973 flimmerte die Sesamstraße über deutsche Fernsehschirme.

Der Soundtrack unserer ersten „Schritte" in die Welt klingt romantisch und ist es auch. Im Sommer 1971 trällerte der Pariser Danyel Gérard seinen Welthit „Butterfly" und besetzte wochenlang die Nummer eins der deutschen Hitliste. Vor allem der Musiksender Radio Luxemburg dudelte den Song auf Deutsch, Französisch und Englisch rauf und runter. Frauen schmolzen dahin beim Welthit „Maggie May", den der ehemalige Fußballprofi Rod Stewart zum Besten gab. Es ging allerdings auch musikalisch schon recht ruppig zu – bei „Aqualung" von Jethro Tull zum Beispiel, T. Rex landete mit „Hot Love" und „Get it on" auf Platz eins der britischen Charts, ebenso wie Slade mit „Coz I luv you", die Rolling Stones setzten mit „Brown Sugar" neue Maßstäbe der Rockmusik. Der „Soundtrack 1971" bot also beste Voraussetzungen, um tief einzuschlummern im Paidi-Bettchen „Made in Germany".

Knackige Farben: Rote Tapete, graubraune Couch und darauf das neue Sesamstraßen-Heft.

Vitali Klitschko

Heike Makatsch

Prominente 71er

7. Jan. **Gerry Friedle**
*alias DJ Ötzi, österreichischer
Schlagersänger*

19. März **Nadja Auermann**,
deutsches Top-Modell

27. März **David Coulthard**,
schottischer Formel-1-Pilot

9. April **Jacques Villeneuve**,
*kanadischer Formel-1-Pilot
und Weltmeister 1997*

16. Apr. **Sven Fischer**,
*deutscher Biathlet,
mehrfacher Olympiasieger*

4. Mai **Florian Illies**,
Autor der „Generation Golf"

19. Juli **Vitali Klitschko**,
*ukrainischer Ex-Box-Weltmeister
im Schwergewicht*

12. Aug. **Pete Sampras**,
*US-amerikanischer Tennisstar
und Grand-Slam-Gewinner*

13. Aug. **Heike Makatsch**,
deutsche Schauspielerin

13. Aug. **Moritz Bleibtreu**,
deutscher Schauspieler

13. Sep. **Goran Ivanisevic**,
*kroatischer Tennisspieler
und Wimbledonsieger*

18. Sep. **Lance Armstrong**,
*US-amerikanischer Radrenn-
Profi und vierfacher Tour-de-
France-Sieger (alle wegen
Dopings aberkannt)*

2. Okt. **Xavier Naidoo**,
deutscher Sänger

20. Okt. **Calvin Cordozar Broadus**
*alias Snoop Dogg,
US-amerikanischer Rapper*

29. Okt. **Winona Ryder**,
US-amerikanische Schauspielerin

30. Okt. **Fredi Bobic**,
deutscher Fußballer

18. Dez. **Arantxa Sanchez-Vicario**,
spanische Tennisspielerin

24. Dez. **Ricky Martin**,
puertoricanischer Pop-Sänger

1. bis 3. Lebensjahr

Das Glück ist rund

"Müller dreht sich, Schuss, Tor!"

„Dass Bonhof steil geht"

An ihre bewegtesten Momente können sich die 71er meist gar nicht mehr erinnern. In der Kindergarten- und Vorschulzeit prasselten mediale und mobile Revolutionen gleich dutzendweise auf die armen Dinger ein, die ihre Fortbewegung zunächst auf drei, später auf vier und dann sogar auf zwei Räder umstellten.

Chronik

6. Mai 1974
Bundeskanzler Willy Brandt tritt nach
der Affäre um den DDR-Agenten Günter
Guillaume zurück. Nachfolger wird
Helmut Schmidt.

22. Juni 1974
Bei der Fußball-WM in Deutschland
verliert die Nationalmannschaft gegen die
Auswahl der DDR in Hamburg mit 0:1.
Jürgen Sparwasser trifft in der 77. Minute.

27. September 1974
In einer Verfassungsänderung der DDR
werden die Abschnitte über die deutsche
Wiedervereinigung und die „Deutsche
Nation" gestrichen – die DDR gilt fortan
als sozialistischer Staat der Arbeiter und
Bauern.

1. Januar 1975
Die Bundesrepublik senkt das Alter der
Volljährigkeit von 21 auf 18 Jahre.

5. Juni 1975
Großbritannien beschließt das endgültige
Referendum zum Beitritt in die Europäische
Gemeinschaft.

20. November 1975
Der spanische Diktator Francisco Franco
stirbt an den Folgen dreier Herzinfarkte im
Madrider Hospital.

1. Januar 1976
In der Bundesrepublik Deutschland besteht
ab sofort Gurtpflicht im Auto.

1. April 1976
Gründung der Firma Apple durch Steve
Jobs und Steve Wozniak.

10. Juli 1976
Die sogenannte Seveso-Katastrophe
markiert einen neuen Höhepunkt der
Umwelt-Diskussion. In Meda bei Mailand
werden durch eine Explosion in der Fabrik
Icmesa S.p.A. mehrere Kilo der hochgiftigen
Substanz TCDD (Dioxin) freigesetzt,
1800 Hektar Land werden verseucht.

9. September 1976
Nach 30 Jahren an der Regierung stirbt der
chinesische Diktator Mao Tse-tung, geboren
1893, in Peking.

Für Väter stand jedoch zunächst nur ein
Ereignis im Mittelpunkt: Die Fußball-
Weltmeisterschaft 1974 in Deutschland.
„Grabowski sieht, dass Bonhof steil
geht, da kommt der Ball auf Müller,
Müller dreht sich, Schuss, Tor." Aber
wer kennt die Entstehungsgeschichte
des entscheidenden 2:1-Siegtreffers im
Finale für Deutschland gegen die sonst
alles überragenden Niederlande?
Was blieb übrig von der Erinnerung an
die WM? Zwei Jungs, einer klein und
sommersprossig, der andere blond und
winkend: Tip und Tap. Die Maskottchen
standen als kleine Gummimännchen
in sämtlichen Kinderzimmern herum
und bildeten den Anfang einer großen
Sammel-Leidenschaft neben den
Barbapapas, den Schlümpfen und
Ü-Ei-Figürchen.

In Ost und West schickte das Sandmännchen uns ins Bett.

„Nun liebe Kinder, gebt fein Acht ..."

Mit dem vierten Lebensjahr begann auch der Einstieg in die „Droge Fernsehen". Meist mit dem Sandmännchen. Hätten wir Kinder des Westens damals den Sandmann aussuchen können, hätten wir Ostfernsehen geguckt? Wenige ahnten nach dem Länderspiel BRD – DDR, dass es zwei deutsche Staaten gab. Aber zwei Sandmännchen? „Nun liebe Kinder, gebt fein Acht, ich hab' euch etwas mitgebracht", hat er immer gesagt. Berühmte Leute wie James Krüss, Janosch sowie die Augsburger Puppenkiste füllten die Sendung mit ihren Geschichten.

Einprägsamer als die ersten Sandmann-Jahre brannte sich der Sesamstraßen-Jingle in unsere Herzen. Links und rechts und A und B ließen wir uns von Ernie, Bert und Supergrobi erklären. Kein Geringerer als Graf Zahl legte den Grundstein für die spätere Mathematik-Karriere. Ziel der US-Sesamstraße war es von Anfang an, den unterprivilegierten Stadtkindern eine Grundbildung zu ermöglichen, die Eltern nicht hinbekamen. Insofern bildet die Sesamstraße einen Wendepunkt der offiziellen pädagogischen Marschrichtung. Bildung für alle, und sei es durchs Fernsehen. Das deutsche „pädagogische" Fernsehen speiste sich ohnehin aus dem „Aufstand" gegen die autoritären Strukturen der 50er- und 60er-Jahre. Peter Lustigs „Löwenzahn" (erstmals als „Pusteblume" 1979) mag hier als ein weiteres Beispiel genügen.

:

Verliebt in eine japanische Biene

Frei nach Freud gilt die erste Liebe der Jungs der eigenen Mutter. Die Mädchen suchen sich in der Regel im Kindergarten den frechsten Jungen aus. Aber auch im Fernsehen finden Charaktere den Weg ins Herz der jungen Zuschauer. Ein Held hieß „Wickie". Der Schriftsteller Runer Jonsson hatte mit seinem Kinderbuch schon 1965 den deutschen Jugendbuchpreis geerntet. 1974 flimmerte die erste Staffel von „Wickie und die starken Männer" auf deutschen Bildschirmen. Auf der Straße entbrannte jedes Mal ein Streit, wenn jemand behauptete, der Sohn Halvars sei ein Mädchen. Der kleine Wikinger wusste sich und seine Leute durchaus mit „femininer Tücke" zu retten und verzichtete auf Muskelspielchen. Nein, Wickie war kein Vorbild für die harten Jungs auf der Straße. Aber insgeheim wollten alle wie der pfiffige Junge sein und „Ich hab's!" schreien, wenn Wickie die Lösung aller Probleme aus seinen Fingern schnippte.

Die erste Fernsehliebe allerdings galt den strahlenden Augen einer zickigen blonden Biene, die oft furchtbar herumplärrte, wenn sie ihren Willen nicht bekam. Aber mit ihrer Neugier und der Überlegenheit ihrem befreundeten Artgenossen Willi gegenüber fesselte sie die Jungs der ganzen Republik: die Biene Maja. Das ZDF zeigte die erste Folge am 9. September 1976.

Schaut Maja in die Augen und dann ihren Nachfolgern Pinocchio (1976), Heidi (1977), Sindbad (1979) und Nils Holgersson (1980). An den meisten hat der US-amerikanische Zeichner Marty Murphy mitgewirkt. Der Erfinder der japanischen Co-Produktionen „Mitsubachi Maya no Boken" und „Pinocchio no Boken" hat direkten Einfluss auf die späteren Verkaufsschlager Pokemon und Yu-Gi-Oh.

Erziehung im „Gemischtwarenladen"

Unterhaltung aus Japan, Pädagogik aus den USA und Deutschland – so lautet die grobe Unterteilung des Kinderfernsehens in den 70er-Jahren.

„Spaaaghettii": Die Pädagogik von damals war vor allem bunt.

Im echten Leben spiegelten sich die Wirkungen der 68er-Bewegung naturgemäß auch in der Erziehung der Kinder wider. Aus einer Gegenbewegung zur autoritären Frontalpädagogik entwickelte sich der antiautoritäre Ansatz. Vielerorts wurde die antiautoritäre Bewegung falsch verstanden – vielfach als „Laisser faire", Kinder sollten tun, was sie wollen. Prinzipiell stimmt das zwar,

Bunt bis der Arzt kommt: Blümchenkulisse für kleine Verkleidungskünstler.

aber die Anleitung und die anstrengende Erziehungsarbeit der Erwachsenen brauchte es in der „richtigen" antiautoritären Erziehung dann doch. In den Geburtsstätten der Studentenbewegung – in Berlin, Frankfurt, Hamburg und Stuttgart – bildeten sich die ersten „Kinderläden". Die 1971 geborenen Kinder gehörten zu den ersten, die das freie Spiel der kindlichen Entwicklung in Kinderläden, Kinderzentren oder Reformkindergärten ausleben durften. Entgegen der weitläufigen Vorstellung einer willkürlichen Erziehung war gerade das pädagogische Programm die erste Säule der Einrichtung. Doch wohin führte das?

Die Erzieher wollten uns durch partnerschaftliche Erziehungsmethoden so früh wie möglich Selbstständigkeit, Kritikfähigkeit, Kreativität und eine freie Einstellung zur Sexualität vermitteln. Schauen wir uns die Mittdreißiger heute an: Das Experiment ist zweifellos gelungen. Nie gab es so viele selbstständig Berufstätige in dieser Altersgruppe, die 71er meckern gern über „die da oben", die 71er entwickelten in den 90er-Jahren das Medienzeitalter mit ihrer Kreativität entscheidend weiter und erweisen sich in schwierigeren Zeiten als wahre Lebenskünstler. Die bürgerlichen Fesseln rund um das Thema Sexualität sind weitestgehend gesprengt – das wissen alle, die den ersten Austausch der intimsten Körperflüssigkeiten schon mit 14 hinter sich hatten. Und sich dann mit 30 das erste Mal scheiden ließen. Mit der Verantwortung und der Reife ist es allerdings nicht allzu weit her.

Kuscheln unter der Karo-Tapete.

Die dicke Rübe

Nicht alle Kindergarten-Leiterinnen fuhren auf
Maria Montessori oder antiautoritäre Erziehung ab.
Dennoch wehte in so gut wie allen Erziehungsan-
stalten ein neuer Wind. Waldausflüge bei Wind
und Wetter sowie die obligatorischen Singkreise
prägen die kollektive Erinnerung an die Vorschulzeit. Die Tapeten waren damals einfach zu bunt,
um sie mit Star-Postern zu bekleben. Ansonsten
wäre die Hälfte aller Kinderzimmer gewiss mit
dem Konterfei des Liedermachers Fredrik Vahle
beklebt gewesen. Vahle krempelte die Stimmung
in den Kinderzimmern mit seinen Kompositionen
komplett um und setzte in den 70ern mit „Die

Waldpädagogik: Draußen
spielen macht rote Wangen.

Rübe", „Der Fuchs" und später „Der Spatz" Maßstäbe deutschen Liedguts.
Kinder des ganzen Landes seufzten verzweifelt mit Paul: „Wenn die dicke
schwere Rübe doch schon rausgezogen wär." Ansonsten „simsalabimte" es
mit den beiden Klassikern: „Der Kuckuck und der Esel" und dem inhaltlich so
grausamen „Auf einem Baum ein Kuckuck". Erst 1979 betrat der große „Chan-
sonier" der Kinderlieder die Bühne mit der „Vogelhochzeit".

Hugh! Die moderne Squaw
weiß sich allein zu helfen.

Winnetou und Nscho-tschi

Karneval gehörte zu den großartigsten
Ereignissen im Kindergartenjahr. Furchtbar
viele Verkleidungsmöglichkeiten gab es auch
nicht. Der Clown war gern genommen. Im
Süden der Republik trugen die Mädchen feine
Trachten. Jungs taten als Cowboys mit Kutte
und Knarre gerne groß, die Toleranten unter
ihnen griffen zu Tomahawk und Indianerfeder.
Wenn schon Rothaut, dann gefielen sich die
Mädchen wiederum in der Rolle der Squaw.

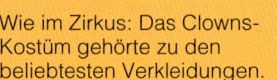

Wie im Zirkus: Das Clowns-Kostüm gehörte zu den beliebtesten Verkleidungen.

Anregungen hierzu gaben die Winnetou-Filme aus den 60er-Jahren, die wir mit den Eltern schon gucken durften. Die Schwester des Apachen-Häuptlings war der ideale Prinzessinnen-Ersatz für Mädels der 71er: Frech, aufmüpfig, aber auch schwach und so wertvoll, dass Männer ihr Leben für sie hinschenken würden. Erstaunte Erwachsene sahen die Nachwuchs-Indianer immer öfter im Spiel „Winnetou und Nscho-tschi" vertieft. Die ersten Küsse wurden dabei ausgetauscht. Den Kindern war es wurscht, dass sie eigentlich Bruder und Schwester darstellten. Aber „Old Shatterhand" war wohl selbst den beliebtesten Jungs im Kindergarten zu faustlastig.

Die Generation „Kaninchen"

Der erste Golf kam ursprünglich als kleines erschwingliches Kompaktauto der Firma Volkswagen 1974 auf den Markt. So sah er nun aus, der Audi-durchsetzte Erbe des Käfers. Seine Wendigkeit beeindruckte die US-Amerikaner derart, dass sie ihn „Rabbit" (Kaninchen) nannten. Der Golf, dessen eigentlicher Name vom Golfstrom abstammt, rettete Volkswagen in den 70er-Jahren vor der Pleite. Wegen seiner sprichwörtlichen Zuverlässigkeit fuhren viele 71er tatsächlich noch das erste Modell, das von 1974 bis 1983 hergestellt wurde. Der Name „Generation Golf" ist jedoch eher auf den Golf II zurückzuführen. Der Golf ist das meistverkaufte Auto des Konzerns, 2002 überholte er auch seinen Vorgänger, den Käfer.

Ein Dreirad-Mechaniker beim „Frickeln".

Vom Dreirad aufs Bonanza-Rad

Hieße dieses Buch „Kindheit in der Stadt nach der Jahrtausendwende", dann wäre dieses Kapitel hier zu Ende. Aber in den 70ern sah Kindheit anders aus. Das 1976 erschienene Kinderbuch „Vorstadtkrokodile" spiegelt die Realität von damals wider. Kinder eroberten die Straßen in den Städten, fast so, wie sie es nach dem Ende des Zweiten Weltkrieges getan hatten. Sie waren mobil, mutig, oft auch sehr gemein. Sie spürten das zwiespältige Gefühl der Freiheit, wenn die Eltern sie genervt maßregelten: „Los, geht raus, spielen!" Egal, Farbe und Muster der neuen Tapeten waren ohnehin unerträglich. Viele 71er verbrachten die Kindheit schon ab vier Jahren da draußen, ohne Eltern, dafür mit Freunden. Hier legten die Kinder den Grundstein für ein Gefühl der Sicherheit, das sie fürs spätere Buden- und Scheiße-Bauen auf den Straßen, auf Schrottplätzen, auf Privatgrundstücken und in den Kaufhäusern der Innenstädte benötigten. Uns konnte keiner was.

Gelbe Rennfahrer-Träume:
Das Bonanza-Rad mit Stützrädern ...

...und das vierrädrige Kettcar.

4. bis 6. Lebensjahr

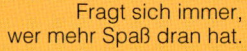

Unfassbar: Der Looping
für die Carrera-Bahn.

Fragt sich immer,
wer mehr Spaß dran hat.

Die Mädchen kreideten die Bürgersteige gegen den Widerstand der Senioren ein, schrien vor Verzückung beim Gummitwist und versteckten sich in Privatgärten, in Tiefgaragen und auf fremden Balkonen des Erdgeschosses. „Eckstein, Eckstein – alles muss versteckt sein." Weil die mobile Industrie längst den Markt für Kinder entdeckt hatte, produzierte sie allerhand Fahrzeuge. Mit Dreirädern fing es an, es folgten die Fahrräder, die viele unseres Jahrgangs bereits mit vier Jahren eindrucksvoll beherrschten. Die Jungs hatten ein neues Statussymbol. Das Fahrzeug. Wer auf einem Bonanza-Rad mit Hirschgeweih-Lenker und Bananensattel Platz nahm, besaß ziemlich gute Karten. Dieses unpraktische Fahrgerät hatte übrigens weniger was mit den netten Cowboys aus dem Fernsehen als mit der Marke Bonanza zu tun.

Ganz wilde Kerle hingen sich schon als kleine Fürze große Fuchsschwänze an die Stange. Welche Autos mögen die Kollegen wohl später gefahren sein?

Die „Generation Golf" sattelte schon früh auf vier Räder um. Wer im Kettcar an die Pedale und den Lenker herankam, war schon ein ganz Großer und durfte mit dem Bremshebel rechts die ersten Schleuderbremsungen probieren. Das machte nämlich mächtig Eindruck. Man folgte damit den väterlichen Vorbildern, die sich immer häufiger Rallye-Streifen auf die Haube pinselten und am Auspuff herumfrisierten. Viele ihrer Kinder träumten schon im Vorschulalter davon, den Motor des Rasenmähers unter das Kettcar zu schrauben. Aber bis zum automatischen Fahrzeug mussten wir noch ungefähr zwölf Jahre warten, vorausgesetzt, die Väter waren vernünftig.

Das gute Rennfahrergefühl holten sich Vater und Sohn meist unterm Tannenbaum. Traditionell baute der Papa erst den Baum und anschließend die Carrera-Bahn auf. Der neue Rennwagen zu Weihnachten war eine Bank, jedes Jahr. Wer mal einen Looping unterm Tannenbaum ausgepackt hat, weiß genau: Das Glück ist rund.

Familienausflüge – Torten wie Feuerwerk

So ein Auto hatte viele Vorzüge. Entfernungen ließen sich schneller zurücklegen. Das war wichtig, auch für den Zusammenhalt der Familie. Im konkreten Fall: Eine Omi wohnte im Rheingau, die Tanten mit Cousinen und Cousins in Freiburg, der allein lebende Single-Onkel in Frankfurt und die Eltern in Düsseldorf. An einem Sommersamstag um 5 Uhr früh („Dann haben wir noch was vom Tag") wuchteten die Eltern zuerst die Geschenke auf den Rücksitz. Tochter und Sohn legten sich entspannt in den „Kofferraum" des Kombis. Anschnallen war noch nicht Pflicht, es gab keine Gurte hinten, dafür reichlich Gezänk um die blöde Puppe der Schwester. „Lass meine Lotte los!" „Blöde Lotte!" „Blödmann!"

„Wann sind wir endlich da?", fragte sich Papa und holte alle Stundenkilometer aus dem VW Variant. Die Fahrt war lustig, weil die Schwester beim „Nummern-schilderraten" ihre dämliche Lotte vergaß und sich deren Kulleraugen nun prima rein- und rausquetschen ließen. Omi wohnte unter Weinbergen direkt am Rheinufer in einem Haus, das heute „Touristenfalle" genannt werden würde.

Nachdem die Vetternsippe gemustert war, gab es Schnittchen. Die Erwach-senen gossen sich zum Mittag den ersten Wein ein und sangen sinnlose Lieder, die mit „... aber der Wagen, der rollt" endeten. Die Zeit bis zum Kuchen nutzten die Kinder unterm Tisch, wo sie die Schnürsenkel der Tanten zusam-menschnürten. Oft passten zwei derart verbandelte Personen gar nicht zusam-men. Wie bei Tante Ida und Tante Erika. Die Zwillingsschwestern stritten sich bei jeder Gelegenheit.

„Ihr verwöhnten Kinder, lasst das", fauchte Ida immer. „Lass sie doch", konterte Erika, die eine Strähne ihrer hochgesteckten Haare immer lustig im Gesicht trug und zudem einen kurzes Stück Stoff, das sie „Minirock" nannte. Ida schleppte immer die größten Sahnetorten mit an und gewann so den unausgelobten Kuchenwettbewerb mit weitem Abstand vor Omi, die Apfel-kuchen machte. Den besten der Welt, fanden wir. Idas „Schwarzwälder" wurde derweil bestaunt wie ein Feuerwerk: „Ooh, aah!" Erika zwinkerte uns zu und flüsterte: „Angeberin!"

Bettzeit war, wenn wir müde waren. Das konnte dauern. Das Schönste an den Familienausflügen war zweifellos, dass wir Kinder – insgesamt sechs, alle höchstens drei Jahre auseinander – den Erwachsenen völlig entglitten und mit den Füßen auf dem Kopfkissen einschliefen. Den Eltern entging das, was in erster Linie am Riesling lag, und zwar am 71er. „Ein besonders guader", sagte Omi immer, wenn sie zum achten Mal aus dem Weinkeller kam. Erwachsene sind ganz schön komisch. Genau wie Familienausflüge.

Die erste Barbiepuppe kam 1959 zur Welt und war erst recht in den 70er-Jahren die begehrteste Puppe der Mädchen zwischen vier und acht Jahren. Der männliche Gegenspieler kommt ebenfalls aus der Firma Mattel. Der Mann mit dem markanten Kinn kam in Deutschland 1972 als Big Jim auf den Markt, war 24 Zentimeter groß, mit einem Druckknopf am Rücken holte er mit der rechten Hand zum Karateschlag aus, er konnte Waffen zwischen Daumen und Zeigefinger quetschen und den Bizeps spannen.

Die Modellpuppe mit den Maßen 39/18/33 passte sich der Disco-Ära an. Mattel löste die Zeit ab, da Barbie als Abziehbild für die großen Filmdiven herhalten musste. Eigentlich ist Barbie deutschen Ursprungs: Die „Bild-Lilli", ein Werbe-Gag des Springer-Verlages, war das Vorbild für die erfolgreichste Puppe aller Zeiten. Die US-amerikanische Spielzeug-Fabrikantin und Mattel-Gründerin Ruth Handler taufte sie um auf den Namen ihrer Tochter. Die Lizenzen waren erst 1964 geregelt worden, deshalb war Barbie auch mit fünf Jahren Verspätung auf den deutschen Markt gekommen.

Die Krise im Kinderzimmer

Vor lauter Fernsehen vergaßen die Eltern nach und nach das Erzählen von Geschichten und das Vorlesen. Als wir noch keine Abc-Schützen waren, jagten unsere Blicke über die Wimmelbilderbücher von Ali Mitgutsch. Eric Carle hatte 1969 bereits „Die kleine Raupe Nimmersatt" geschrieben und uns damit den Einstieg in die Welt der beschrifteten Bücher vorgezeichnet. Ansonsten packte die Kinder das, was sie anfassen konnten.

Auf der Nürnberger Spielwarenmesse 1974 begann eine Neuordnung der Geschlechterrollen. Hans Beck erfand 1971 die kleinen Playmobil-Figürchen und brachte sie 1974 auf den Markt. Zunächst griffen die Jungs wie wild nach den kleinen Rittern, Cowboys und Bauarbeitern. 1976 legte Beck Frauen mit Haushälterschürze und Bügelbrett nach. Die „Opfer" der damaligen Playmo-Mania

stutzen heute nach rund zwei Milliarden verkauften Figuren angesichts des Grundes für den beispiellosen Erfolg von Spielzeugprodukten. Die Ölkrise war schuld. Die Firma „geobra" hatte zuvor Großkunststoff-Artikel hergestellt, stieg in die „Kleinkunst" des Spieles ein und machte während der international angespannten Energielage mit Mini-Material Riesengewinne.

Das kümmerte die Kinder wenig. Von Playmobil angefixt stiegen die Mädchen auf Barbie-Puppen um. Die ebenso modische und magersüchtige Blondine gab es bereits damals in der kompletten Palette mit Ken, Christie, Brad und den anderen steifen Mattel-Produkten. Die Jungs fanden Barbie naturgemäß albern, hielten allerdings ebenfalls nach simplen maskulinen Vorbildern Ausschau, die wiederum Mattel perfekt bediente. Der 24 Zentimeter große Big Jim zog in die Jungenzimmer ein. Den Muskelmännern musste man nur in den Rücken pushen und schon holten sie aus zum Karateschlag. 1975 kam das geilste Modell der Reihe auf den Markt: Big Steel, der Mann mit Glatze und Stahlhand. Wer als Junge noch ansatzweise bei Verstand blieb, besorgte sich Figuren aus der Karl-May-Reihe.

Aber der Geschlechterkampf hätte sich bei den Jungs eher homosexuell abspielen müssen. Das Modell von Winnetous Schwester „Nscho-tschi" war schwer zu kriegen. Zum Glück hantierte die Schwester immer noch mit Barbies. Als „Squaw" konnte man die blöden Dinger gerade noch so nehmen.

Überraschungen zu Weihnachten konnten nicht ausgefallen genug sein.

Schatz voller Geschichten

Stolz wie Oskar: i-Dötze
am Tag der Einschulung.

Zum Abschuss frei

Zur kollektiven Erinnerung gehöre der Tag der Einschulung, heißt es. Wieso vergessen erwachsene Menschen, die um die Bedeutung der Schule wissen, was sie in den Schultüten hatten? Eine Menge Süßigkeiten wahrscheinlich. Na und? Dazu gab es viele weise Ratschläge, wie der Ernst des Lebens nun zu bewältigen sei. Auf jeden Fall mit einem Schulranzen oder Tornister. Die meisten Abc-Schützen trugen bereits bei der damaligen Einschulung 1977 oder 1978 die Marke aus Frankenthal: Scout. Zu unserer Einschulung hielt sich das eckige Ding noch an die gängige Farbpalette. Blau für die Jungs und Rot für die Mädchen, vorne eine signalfarbene Pausenbrottasche, mit deren Hilfe auch der blindeste Autokutscher die Schüler als solche erkennen konnte. Als würde das noch nicht genügen, bekamen die Erstklässler orangefarbene Schirmmützen

Chronik

27. Januar 1977
Verkündung des ersten Bundesdaten-
schutzgesetzes, durch den Umgang mit
personenbezogenen Daten darf das
Persönlichkeitsrecht des Einzelnen nicht
beeinträchtigt werden. Das Gesetz tritt am
1. Januar 1978 in Kraft.

30. Juli 1977
Die RAF erschießt Jürgen Ponto, den
Vorstandssprecher der Dresdner Bank,
bei einem Entführungsversuch vor dessen
Haus in Oberursel.

5. September 1977
Die RAF entführt den Arbeitgeberpräsidenten
Hanns-Martin Schleyer, der am 19. Oktober
tot aufgefunden wird.

13. Oktober 1977
Entführung der Lufthansa-Maschine
„Landshut" nach Mogadischu, am
17. Oktober befreit die GSG 9 die Geiseln.

13. März 1978
Der ehemalige italienische Ministerpräsi-
dent Aldo Moro wird von den Roten
Brigaden (Brigate Rosse) entführt und
ermordet.

21. Juni 1978
Die „Schande von Cordoba": Die deutsche
Fußball-Nationalmannschaft verliert in der
Zwischenrunde der WM in Argentinien mit
2:3 gegen Österreich und scheidet aus.

16. Oktober 1978
Im Drei-Päpste-Jahr wird nach dem Tod von
Paul VI. und Johannes Paul I. der Pole
Karol Wojtyla zum Papst Johannes Paul II.
gewählt.

1. Februar 1979
Ayatollah Khomeini kehrt aus dem Exil
zurück und ruft am 1. April die Islamische
Republik Iran aus.

24. Dezember 1979
Einmarsch sowjetischer Truppen in
Afghanistan.

13. Januar 1980
Gründung der Partei „Die Grünen" in
Karlsruhe.

22. September 1980
Ausbruch des „Ersten Golfkrieges"
zwischen dem Iran und dem Irak.

der Verkehrswacht aufgesetzt. Spätestens zu diesem Zeitpunkt war es vorbei
mit dem Stolz, nun ein ganz großes Kind
und kein Baby mehr zu sein. Dergestalt
entstellt waren i-Dötze damals schon
zum Abschuss freigegeben.

Viele „Mäuse" kamen zusammen
bei der Kommunion.

Trost von Kaltz aus der Kiste

Zum Glück gab es schon früh Trost aus
der Flimmerkiste. Das Fernsehen
entwickelte stetig neue Blüten und
bannte die Kinder auf die Wohnzimmer-
sessel. Es sei denn, man besaß eine
eigene Flimmerkiste im Kinderzimmer.
Für katholische Kinder bot sich bei der
Kommunion eine gute Gelegenheit,

Geld sammeln zu lassen gegen diese mediale Leere im eigenen Zimmer. Gott sei Dank. Die „Mäuse" reichten aus für einen Fernseher. Nein, das war ein ultraschwerer orangefarbener Trümmer von TV-Gerät, mit riesigen Antennen und schwachen Leuchtdioden, auf denen die Zahlen 1 bis 9 geschrieben standen. Damals konnten wir noch nicht wissen, warum überhaupt mehr als drei Zahlen nötig waren. Erstes, zweites, drittes – diese Programmauswahl genügte, um live dabei zu sein, als die deutsche Fußball-Nationalmannschaft in Italien Europameister wurde. Manni Kaltz schlug die Bananenflanken vom rechten Flügel, Bernd Schuster zog die Strippen im Mittelfeld neben dem emsigen Hansi Müller und hinter dem Parade-Trio Kalle Rummenigge („Sexy Knees!"), Klaus Allofs und Horst Hrubesch, der die Belgier im Finale allein aus dem Römer-Stadion köpfte. Eine derartige Anhäufung eigenartiger Typen (Briegel, Förster, Dietz und Stielike nicht zu vergessen), die Bundestrainer Jupp Derwall zu einer Truppe schweißte, bekamen die Fußballfreunde anschließend nicht mehr zu sehen. Jeder fußballgegeisterte Junge von neun Jahren wollte ein Spieler dieser fabelhaften Truppe von 1980 sein. Die eher femininen Anhänger hielten es mit dem mannschaftsdienlichen Klaus Allofs oder dem eleganten Hansi Müller, die Machos mochten eher die „Walz von der Pfalz" (Briegel) oder Horst Hrubesch, während die größten Angeber Schuster oder Rummenigge nacheiferten.

Zurück in den Alltag. Zum Ende einer harten Schulwoche, Freitag nachmittags, lief „Western von gestern". Bei „Fuzzy Jones" und dem unsterblichen Zorro durfte keiner stören. Wenn Georg Barnes mit seinem Colt in Richtung Schlafsofa ballerte, stand die Zeit für eine Stunde still. Die Mädchen hatten eher den frühen Sonntagabend für die Glotze reserviert. Das galt erst recht, wenn Black Beauty mit den Heldinnen Vicky und Jenny Gorden durchs viktorianische Zeitalter ritt. So langsam kamen sie in das Alter, das geeignet war, mit der Mama gemeinsam vor dem Fernseher zu sitzen. Die Geschichten des britischen Veterinärs James Herriot in „Der Doktor und das liebe Vieh" bot reichlich Stoff für die gewünschte Familienduselei.

Wir lernten im Schulalter, was „gepflegte Fernsehunterhaltung" zu bedeuten hatte: Hans Rosenthal hüpfte nach gelungenem „Dalli-Klick" fast an die Decke, wenn er der Meinung war: „Das war – spitze." Am Donnerstagabend war auch Zeit für Wum und Wendelin – anschließend hieß es „Ab ins Bett". Macht nichts, den oberlehrerhaften „Thöööööölke" wollte sowieso keiner sehen. Zu allem Überfluss kündigte Wim Thoelke im Showteil des „Großen Preises" abwechselnd Nana Mouskouri und Mireille Mathieu an – zumindest sagt das die subjektive Erinnerung.

Der einzig wahre Schulranzen

Tornister aus Leder sind von gestern. Immerhin begann die Firmengeschichte um den Unternehmer Alfred Sternjakob mit der Herstellung von Arbeitshandschuhen und Ledertaschen. Erst 1975 kam der „echte Scout" auf den Markt. Der Leichtschulranzen reformierte die Branche über Nacht. Die ersten Modelle waren im Vergleich zu vorher bunt und klar sichtbar – die gelben Katzenaugen an den Verschlüssen sollten für zusätzlichen Durchblick bei den Verkehrsteilnehmern sorgen. Sternjakob produzierte damit auch den ersten „Toni" mit fluoreszierendem Gewebe. Das erste Modell war farblich einfach, aber auffällig gehalten, quadratisch und bot reichlich Platz.

„Es wird nicht verhandelt"

„Wir verhandeln nicht mit Terroristen."
Die Grundhaltung der deutschen Bundes-
regierung entspringt den Ereignissen des
„Deutschen Herbstes 1977". Die Entführung
des Arbeitgeberpräsidenten Hanns-Martin
Schleyer und der Lufthansa-Maschine
„Landshut" durch die RAF beziehungs-
weise deren Verbündete PFLP (Volksfront
zur Befreiung Palästinas) stellten die
Bundesrepublik auf harte Proben. Das
Kommando „Siegfried Hausner" bemäch-
tigte sich am 5. September des Arbeitge-
berpräsidenten. Schleyers Begleiter, der
Chauffeur Heinz Marcisz sowie die
Polizeibeamten Reinhold Brändle, Roland
Pieler und Helmut Ulmer wurden sofort
erschossen. Durch ein spektakuläres
Video ließen die Entführer Schleyer den
Bundeskanzler Helmut Schmidt auffor-
dern, die erste Generation RAF-Terroris-
ten freizulassen. Um den Druck zu
erhöhen, entführte die PFLP die „Lands-

hut" und leitete sie nach der Ermordung
des Kapitäns Jürgen Schumann nach
Mogadischu. Am 18. Oktober stürmte die
GSG 9 das Flugzeug. Bei der „Operation
Feuerzauber" tötete die Spezialeinheit
drei der vier Terroristen und befreite die
Geiseln. Am 19. Oktober wurde Schleyer
erschossen in einem Kofferraum gefun-
den. Etwa zeitgleich starben die in
Stammheim inhaftierten Andreas Baader,
Gudrun Ensslin und Jan-Carl Raspe.
Als Todesursache der RAF-Mitglieder gilt
bis heute Selbstmord. Der damalige
Anwalt Otto Schily vertrat die Ansicht,
die Häftlinge seien exekutiert worden.

Bessy und der Rote Blitz

Viel zu selten, aber doch regelmäßig beneideten Kinder das größte Vorbild
ihrer Kindheit im Fernsehen: Pippi Langstrumpf. Wobei unter anderem durch
diese fantastischen Verfilmungen wie die von Astrid Lindgren die Lust auf
Geschichten immer größer wurde. Der Jahrgang 1971 hat einen riesigen
Schatz voller großartiger Vorbilder: Jim Knopf, Momo, Kalle Blomquist, Madita,
Michel, Pippi, Momo, die kleine Hexe und der Räuber Hotzenplotz stellen nur
eine kleine Auswahl von Gestalten klassischer Kinderliteratur dar, die die
Jahrzehnte überdauert haben.

   Wesentlich kurzfristiger und vielseitiger gestaltete sich der Geschmack bei
den Comics – jener bildungsfernen Gattung, die jedes Kind liebte. Geschlechter-
übergreifend waren das Mickey Mouse, Donald Duck, Fix und Foxi und Bessy.

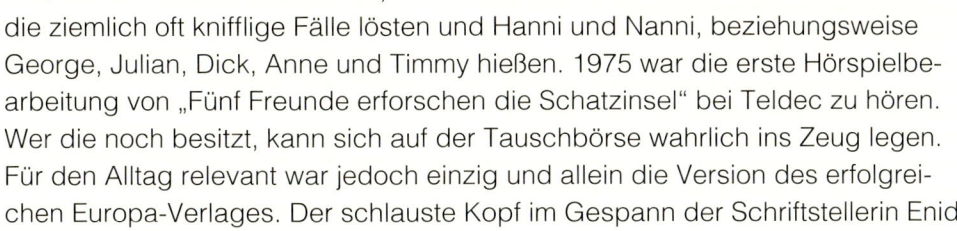

Die Jungs griffen irgendwann abwechselnd nach Superman, Batman, Spiderman, dem Roten Blitz oder den Superliga-Helden.

Es kamen neue Helden hinzu, die ziemlich oft knifflige Fälle lösten und Hanni und Nanni, beziehungsweise George, Julian, Dick, Anne und Timmy hießen. 1975 war die erste Hörspielbearbeitung von „Fünf Freunde erforschen die Schatzinsel" bei Teldec zu hören. Wer die noch besitzt, kann sich auf der Tauschbörse wahrlich ins Zeug legen. Für den Alltag relevant war jedoch einzig und allein die Version des erfolgreichen Europa-Verlages. Der schlauste Kopf im Gespann der Schriftstellerin Enid

Blyton, Julian, wird praktischerweise von Oliver Rohrbeck gesprochen. Jene Stimme, mit der heute noch zahlreiche Jungs des Jahrgangs 1971 einschlafen, mimte später den ersten Detektiv Justus Jonas von den „drei ???".

Spürnasen einer Generation

Die erste Folge der drei ??? erschien am 12. Oktober 1979. Für sechs Mark und 90 Pfennig gab's damals den „Super-Papagei" zu kaufen. So rasch wie die Telefonlawine breitete sich der Erfolg aus, es erschienen immer neue Staffeln. Fans hatten bis zur Pubertät bis zu 30 Stück in die drehbare Kassettenbox gequetscht. Im Erwachsenenalter packten viele die verstaubten Dinger wieder aus. Die Sprecher Rohrbeck, Jens Wawrczek (Peter) und Andreas Fröhlich (Bob) haben nie gewechselt. Dafür die Zielgruppe. Ursprünglich waren die Fälle der drei Detektive für Kinder zwischen acht und zehn Jahren konzipiert. Drei Viertel der Hörer heute sind zwischen 20 und 35 Jahre alt. Hier wird deutlich: Diese Detektive sind unsere eigenen Spürnasen, die repräsentativen Abziehbilder der 71er-Generation. Es gibt wahrlich schlechtere Helden für einen Jahrgang.

Tierisch spannend:
Die Hörspiele der „drei ???"

Hanni und Nanni zum Beispiel. Die Zwillinge Hanna und Marianne O'Sullivan lebten den Mädchen eine Internatsatmosphäre vor, in der trotz vieler Probleme am Ende alles gut ausgeht. Wie die fünf Freunde stammen Hanni und Nanni aus Enid Blytons Feder. Europa produzierte von 1974 bis 1976 zwölf Folgen – zehn Jahre lang war dann erst einmal Schluss mit Hanni und Nanni.

Ohne die drei Detektive aus Rocky Beach hätte es auch den Erfolg einer weiteren, diesmal deutschen, Serie nie gegeben. Welche Geschmacksverirrungen die 71er verleitet haben mögen, noch mit zehn Jahren Geld für diese 1981 geborene TKKG-Bande auszugeben – wer will das heute sagen? Vielleicht lag es an diesem Macho-Idioten Tarzan mit seinen Karate-Künsten. Dieser kopflose Anführer ließ keine Gelegenheit aus, sich mit scheinbar übermächtigen und zudem bewaffneten Erwachsenen herumzuprügeln. Karl kam ständig neunmalklug daher und Klößchen spielte nur mit, um wegen seines reichen Vaters irgendwann entführt zu werden. Gaby spielte das brave Heimchen, das für Tarzan gut genug war, um sich in sie zu verknallen. Eine schöne Viererbande war das. Vielleicht haben sie viele deshalb so gemocht, weil die Typen der TKKG-Bande so einfallslos daherkamen wie wir manchmal.

Europa – ein eigenes Universum

Natürlich gab es zahlreiche Verlage, die Hörspiele auf den Markt brachten. Aber in der Erinnerung gab es in der Kindheit und Jugend nur einen: Europa. Von den Klassikern der 60er-Jahre (Karl May!) über Jules Vernes „Die geheimnisvolle Insel" (1977) war es ein Riesenschritt zum Kultobjekt durch Serien wie der „Hexe Schrumpeldei" und „Hui Buh". Auch die „drei ???" gab es schon 1968 in dem Buch „Das Gespensterschloß". Am 12. Oktober 1979 erschien die erste Ausgabe von „drei ???" mit dem Titel „Der Super-Papagei" bei Europa. Fast 30 Millionen Hörspiele wurden von den drei Detektiven verkauft.

Gut liefen auch die „Fünf Freunde" sowie „Hanni und Nanni" nach Enid Blyton, TKKG und die Hörspiele ab zwölf Jahren „Larry Brent", „Edgar Wallace", „Macabros" sowie die Gruselserie vom Autoren H. G. Francis, der auch für die TKKG-Folgen und einige „drei ???" verantwortlich zeichnete.

Der Blick in die Zukunft

Mit zehn Jahren wanderten die meisten schon längst auf dem Weg in eine entfernte Zukunft, die immer konkreter zu werden schien. Eine völlig neue Seh- und Hörerfahrung beflügelte plötzlich die Fantasie: Captain Future. Am 27. September 1980 stiftete das ZDF Verwirrung mit dieser Science-Fiction-Serie aus Japan und dem Sound des Professors Christian Bruhn, der zehn Jahre früher für die Musik von „Wickie und die starken Männer" verantwortlich zeichnete. Das wirre Anime und der Sound des deutschen Liedermachers rückten auf einen Sendeplatz, auf dem sonst die wässrigen Augen von Heidi, Pinocchio und Sindbad um die Wette kullerten. Captain Future war anders, das war schnell, emotional, höchst philosophisch, spannend und vor allem: neu. Der Captain aus der Zukunft kam gerade richtig in einer Zeit, wo aus Telespiel Atari, aus Atari der VC 20 und schließlich der C 64 mit Turbo-Tape-II wurde. Um sich matschende Kinderladen-Zöglinge verwandelten sich über Nacht zu Kapitänen einer digitalen Zukunft, noch bevor sie die Pubertät richtig erreicht hatten. Die Nacht gehörte fortan dem Computer.

Der C 64 war die Einstiegsdroge in den Computer-Rausch.

Heute schon gedaddelt?

An den Wunschzetteln vor Weihnachten lässt sich trefflich ablesen, in welchem Stadium des technischen Fortschritts eine Generation aufwuchs. Auf den Zetteln der 71er-Grundschüler standen fünf Buchstaben: „ATARI". Wer sich besser auskannte, kritzelte „VCS" dazu. Das war Englisch und bedeutete Video Computer System. Aber so genau musste das niemand wissen. Die Videokonsolen mit den Steckkassetten kamen in den USA im Jahr 1977 auf den Markt, mit etwas Verspätung schlossen die Video-geprüften Väter den holzverkleideten Klotz an den Fernseher an. Das „Daddeln" mit dem Joystick zog die komplette Straßengang ins Wohnzimmer. Alte und neue Freunde trafen sich zum gemeinsamen Wettbewerb vor dem TV-Schirm, wahlweise, um die üblen außerirdischen Ufos abzuschießen oder Pac-Man schadlos durch das Labyrinth zu leiten.

7. bis 10. Lebensjahr

Nun könnte der Weg dieser Generation in eine digitale Sackgasse führen. Dazu kam es nicht, weil die Spiele-Industrie genau zum gleichen Zeitpunkt wesentlich gescheitere Produkte entwarf und sie angemessen zu bewerben wusste. Aus der TV-Reklame kannte jedes Kind den Jungen, der auf ein riesiges Becken einschlug. „MB präsentiert", so begann jeder Spot der Firma Milton Bradley. Was den Erwachsenen die Tagesschau, waren uns Kindern diese Spiele-News, von denen es meist drei hintereinander gab. Das witzige Verknoten bei „Twister", der Brettklassiker „Spiel des Lebens" und das Signalton-Gedächtnis-Game „Senso" stammen alle aus derselben Epoche zwischen 1978 und 1980. Dazu kam, dass Mensch-ärgere-dich-nicht, Mühle, Vier gewinnt, Schiffe versenken und auch Monopoly ihre Faszination nie verloren. Gut: Carrera-Bahn, Lego, Playmobil, Barbiepuppe und Big Jim verstaubten langsam aber sicher auf dem Dachboden. Der prächtig glänzende Choppermann Evel Knievel stürzte sich jedoch mitsamt ferngesteuertem Polizeiauto noch die steilsten Treppen hinunter. Das Kino regte zudem unsere Fantasie an. Luke Skywalker half uns währenddessen dabei, Gut von Böse klar zu unterscheiden.

Die Macht war mit uns

Das Gespür für „die Macht" gehört zu den eindrucksvollsten Kinoerlebnissen, die ein Pennäler in seinem Leben machen kann. Wir gingen vorwärts, schlossen die Augen. Gelang es, der Laterne trotz geschlossener Lider auszuweichen, machten wir die „Macht" dafür verantwortlich. Unsere Wahrnehmung wurde zusätzlich durch den Star-Wars-Abklatsch „Kampfstern Galactica" getrübt. In dieser Leichtgläubigkeit, der Naivität und im Bewusstsein, dass im Weltall alles möglich sei, sammelten wir arglos weggeworfene Marlboro-Packungen. In den Ecken unter der Öffnungsklappe waren nämlich Punkte versteckt. Wer nun genügend Punkte sammelte, konnte sie einem Firmenchef namens Philip Morris schicken. Der würde einem gehbehinderten Menschen dafür einen Rollstuhl schenken. Dieselbe Gutherzigkeit sagte man einem Herrn Wrigley nach, der das Silberpapier zurücknahm und dafür wohltätige Gaben an bedürftige Zeitgenossen spendete. Es gab das Gute auf der Welt. Wir waren uns da ganz sicher, denn Luke Skywalker war das beste Beispiel für den naiven Retter des Alls, der in uns allen schlummerte.

„Mr. Gorbachev, tear down this wall"

Am 20. Januar 1981 zog ein „Cowboy" ins Weiße Haus ein. Ronald Reagan hatte Jimmy Carter bei den US-Wahlen am 4. November 1980 klar besiegt und läutete als 40. Präsident der Vereinigten Staaten eine neue Ära ein. Reagan begann seine Medienkarriere in den 30er-Jahren als Radiokommentator von Baseball-Spielen. Als Schauspieler bei Warner Brothers machte er sich in den 50er-Jahren einen Namen – hauptsächlich allerdings durch Rollen in B-Western.

Vor allem drei Dinge bewegten die Öffentlichkeit in seiner Amtszeit: Die Steuersenkungen, die am Ende zu einer immensen Staatsverschuldung führten, sein entschlossener Auftritt gegenüber der Sowjetunion und das Verhältnis zu seiner zweiten Frau Nancy Reagan. Mit allen Mitteln wollte Ronald Reagan den Einfluss der UdSSR schwächen. Zum einen durch sein interstellares Raketen-abwehr-Programm SDI, zum anderen durch die Aufgabe der Abrüstungspläne und die Stationierung neuer Cruise Missiles und Pershing-II-Raketen in der Bundesrepublik. Berühmt wurde sein geradezu prophetischer Ausspruch am 12. Juni 1987 vor der Berliner Mauer und dem Brandenburger Tor: „Mr. Gorbachev, open this gate; Mr. Gorbachev, tear down this wall." Reagan, der den Kontext „Reich des Bösen" erstmals benutzte, wurde am 8. November 1988 von George Bush abgelöst und starb am 5. Juni 2004 im Alter von 93 Jahren.

7. bis 10. Lebensjahr

Gimme Gimme Gimme

BMX-Räder kamen Anfang der 80er-Jahre groß in Mode und wir fühlten uns alt genug, um es in der Disziplin „Wheelie" zur Meisterschaft zu bringen. Einige von uns klemmten die Stiele der Eissorte Brauner Bär mit einem Gummiring zwischen die Speichen. Das machte riesig Krach und sollte surren wie ein echter Motocross-Motor. Tatsächlich klang das wie ein Stiel in den Fahrradspeichen. Die Erwachsenen schüttelten den Kopf über die törichten Kinder. Aber hey: Wir waren noch harmlos im Vergleich zu den Hooligans in den Stadien, zu den Punks in Düsseldorf, Berlin und London, den Prolls in den Plattenbauten und den Poppern, denen kein Konsumgut durch die Lappen gehen durfte. Wir wussten nichts von Politik, hatten von Mode noch keine Ahnung und trugen unsere Kämpfe je nach Geschlecht mit harmlosen Rangeleien oder Zickereien aus. Chart-Musik nahm noch keiner ernst – fast keiner. Denn eine Band begann die Generation zu spalten. Sie hieß The Teens. Mithilfe des Co-Produzenten Dieter Bohlen landeten die Jungs um den smarten Robby Bauer 1981 ihre erfolgreichste Single: „Gimme Gimme Gimme Gimme Your Love". Wenn das Liebe sein sollte, konnten wir gut darauf verzichten. Zumindest vorerst.

Gute Laune-Jugend:
The Teens.

36

Wildwasserfahrt mit drei Generationen.

Mit Badewäsche – bitte!

Schwimmen ist eine schöne Sache. Aber nur mit Badeanzug oder Badehose.
Die „sexuelle Revolution" trieb die wahnwitzigsten Blüten. Jungen oder Mädchen besitzen schon im zarten Alter von sechs Jahren so etwas wie Scham-
gefühl. „Stell dich nicht so an!" Bitte? Die Nudisten aus der eigenen Sippschaft
konnten offenbar nichts anfangen mit dem Gefühl, nicht ganz nackt gesehen
werden zu wollen. Das Schlimme war, dass man bis zum Alter von etwa neun
Jahren warten musste, um auf eigene Faust ins Schwimmbad zu radeln.

Lektion eins: Die Versorgung. Freibäder rochen nach Pommes. Die kosteten
1,20 Mark, Ketchup einen Groschen extra. Das erfrischendste Langnese-Eis
war Capri-Sonne und mit 50 Pfennig recht günstig. Der Eistrunk „Slush-Puppie"
ließ sich als Alternative aus dem Becher schlürfen und verursachte hundert-
prozentig Kopfschmerzen.

Lektion zwei: geschlechtsspezifisches Verhalten in der Vorpubertät. Mädchen stehen immer zusammen, nein, sie kleben. Sie flüstern, kichern und rufen
Jungs provokante Dinge hinterher, die sie nicht verstehen. Jungs gucken dann
schief. Und Jungen schubsen, fast immer. Wenn sie nicht schubsen, rennen
sie kleine Kinder um, spritzen die Mädchen nass (werfen sie ins Becken) und
machen Köpper vom Drei-Meter-Brett. Das hat alles viel Spaß gemacht, vor
allem die „Arschbomben". Auf die Badehose musste man natürlich achten.
Wenn die wegtrieb, wurde es peinlich. Das war nämlich so wie FKK und
machte eine rote „Bombe" im Gesicht.

7. bis 10. Lebensjahr

Die Welt
spielt verrückt

Superlativ von süß: die kleinen japanischen
Nuckeläffchen, genannt „Monchhichis".

Zwischen Monchhichi
und Friedensdemo

Die Welt der 70er-Jahre war wie ein
Kind. Sie war bunt, experimentell,
spontan und reichlich verspielt. Aus der
Sicht des 71er-Jahrgangs schien die
Erde analog mit unseren ersten Östrogen- und Testosteron-Schüben gerade-
wegs in eine Pubertät zu steuern. Die Umweltverschmutzung machte sich
plötzlich ganz konkret durch das Waldsterben bemerkbar, aus dem Wettrüsten
des Kalten Krieges drohte wieder Ernst zu werden, nachdem die Sowjetunion
in Afghanistan einmarschiert war. Die Wut der Bevölkerung auf die Auseinan-
dersetzung der Großmächte wuchs. Friedensdemonstranten, Nato- und

Die Bürger hatten genug vom Kalten Krieg.

Chronik

30. März 1981
US-Präsident Ronald Reagan überlebt ein Attentat bei einer Rede vor Gewerkschaften in Washington D.C.

13. Mai 1981
Papst Johannes Paul II. wird bei einem Attentat des Türken Mehmet Ali Agca auf dem Petersplatz schwer verletzt.

14. Juni 1981
Die Schweizer votieren in einer Volksabstimmung für die gesetzliche Gleichberechtigung von Mann und Frau.

6. Oktober 1981
Der ägyptische Präsident Anwar as-Sadat wird bei einem Attentat in Kairo erschossen. Die Nachfolge übernimmt Mohamed Mubarak.

2. April 1982
Argentinien besetzt die Falklandinseln im Südatlantik. Innerhalb von sechs Wochen gelingt den Briten die Rückeroberung.

1. Oktober 1982
Nach einem Misstrauensvotum gegen Helmut Schmidt beginnt die 16 Jahre lange Ära von Helmut Kohl als Bundeskanzler.

6. März 1983
Aus den Bundestagswahlen geht die CDU als Sieger hervor. Die Grünen ziehen erstmals in den Bundestag ein.

6. Juni 1983
Der Spiegel macht mit der Titelgeschichte „Tödliche Seuche AIDS. Die rätselhafte Krankheit" auf.

22. November 1983
Der Deutsche Bundestag bestätigt die weitere Stationierung der atomaren Mittelstreckenraketen Pershing II.

1. Januar 1984
Das Privatfernsehen geht ab 9.58 Uhr in Gestalt des Senders PKS (ab 1985 Sat.1) in Deutschland auf Sendung. Einen Tag später nimmt RTL plus sein Programm auf.

11. Mai 1984
Toni Turek, der „Fußballgott" im Tor der deutschen Fußball-Nationalmannschaft beim WM-Sieg 1954, stirbt im Alter von 65 Jahren in Neuss.

AKW-Gegner traten immer entschiedener und in Massen auf. Auf der anderen Seite verzauberte die Hochzeit von Diana und Prinz Charles am 29. Juli 1981 die ganze Welt, die wieder an die Wahrheit und den Glanz der monogamen Liebe zu glauben schien. Ein Trugschluss zwar – aber dieser Kuss ... Als Kinder beobachteten wir Diana und Charles in inniger Vereinigung und waren uns plötzlich sicher: Liebe muss schön sein. Sie muss.

In vorpubertierender Erwartung fingen Mädchen plötzlich an, diese kleinen buschigen Plüschtierchen zu sammeln, die den Nucki in den Mund steckten. Dennoch erscheint es aus heutiger Sicht allemal sinnvoller, mit Monchhichis zu spielen, als sich die Hosentaschen mit Abreiß-Ringen von Trinkdosen zu zerreißen. Die Jungs entwickelten dabei einen unbelehrbaren Sammlerehrgeiz. Es hieß schließlich, Coca-Cola spendiere für 1000 Stück einen Rollstuhl. Dafür lohnte sich schließlich die Jagd, auch wenn wir nie

11. bis 14. Lebensjahr

davon hörten, ob dieser Coca-Cola-Boss jemals sein Versprechen eingelöst hatte. Davon hätten wir erfahren. Denn wir guckten fern, viel fern sogar.

Es gab freilich mehr, was die Jungs sammelten, bevor sie sich endgültig dafür qualifizierten „süüüß" zu sein: Panini-Bilder der Film- und Fußballstars, „Tattoos" in den Bazooka-Kaugummis, Figuren aus der Kellogg's-Tüte. Bei der Zusammenstellung der Coca-Cola-Sammelbilder kamen sich die Geschlechter schon näher und fingen sogar an, die Porträts von T. Rex und Frank Zappa zu tauschen, obwohl niemand richtig wusste, was diese Musik für die 70er-Jahre bedeutet hatte. Revolution war noch ein merkwürdiges Fremdwort, zumal wir gerade dabei waren, die Vorzüge der westlichen Zivilisation in vollen Zügen auszukosten.

Die Traumhochzeit

Wie eine Traumhochzeit aussehen sollte, meinten viele zu wissen. Manche hatten so eine Ahnung, dass es irgendwo in England eine Königin gab. Der Sohn dieser bärbeißigen Queen Elisabeth II. hieß Charles, trug große Ohren, hatte einen naiven Blick und wollte am 29. Juli 1981 eine viel jüngere und viel hübschere blonde Frau heiraten. Wir waren gespannt und schauten der Zeremonie in der St. Paul's Cathedral vor dem Fernsehgerät zu – oder zumindest der Zusammenfassung. 750 Millionen Leute aus der ganzen Welt schauten ebenfalls zu. Der

innige Hochzeitskuss löste einen weltweiten Seufzer aus. Das Bild der Traumhochzeit brannte sich ein in die Erinnerung. So sollte die Liebe sein. Die Wahrheit war ernüchternd. Prinz Charles traf sich wieder mit seiner früheren Freundin Camilla. Die Presse verfolgte die „Königin der Herzen" auf Schritt und Tritt – die Ehe zerbrach und nachher gab Diana zu Protokoll, dass der Tag der Eheschließung der schlimmste ihres Lebens gewesen sei. Am 30. August 1997 verunglückte Diana Spencer in Paris tödlich.

Interstellares Heimweh

Das erste deutsche Glied fädelte die weltweit bekannteste Hamburger-Kette im Dezember 1971 auf der Martin-Luther-Straße in München-Obergiesing ein. Der Siegeszug von McDonald's begann allerdings erst mit dem legendären Claim von 1982: „Gut, dass es McDonald's gibt." Der Besuch im Fast-Food-Tempel bildete damals den Höhepunkt sämtlicher Kindergeburtstage, die im Kino begannen und beim Big Mac endeten. Bei der Erinnerung an den erfolgreichsten Film jener Zeit fließen heute noch die Tränen. Steven Spielbergs „E.T. der Außerirdische" brach alle Rekorde, sowohl emotional als auch finanziell. Auf Platz zwei und drei der Kinohöhepunkte rangierten auch die Star-Wars-Teile zwei und drei. E.T. kurbelte seinerseits noch einmal den Absatz der BMX-Räder an. Wir hatten schon eins, und auch bei den Star-Wars-Figuren konnte den 71ern keiner mehr was vormachen. Diese Kultur gehörte uns bereits. Aus diesem Selbstbewusstsein ließen sich ganz neue Dimensionen erschließen.

Vom Würfel zum Jojo

Wir gingen in uns, tauchten ein in die Welt des Ungarn Erno Rubik. Das Patent für Rubiks Zauberwürfel wurde schon 1975 erteilt. Auch bei dem mechanischen Geduldsspiel dauerte es, bis der Markt Anfang der 80er-Jahre reif war. Die 90-Grad-Drehungen knirschten und knackten ineinander, allein die Farben wollten sich von selbst nicht zu einem Ganzen fügen. Ohne Anleitung ließ sich eine, ließen sich

Magische Momente mit Rubiks Zauberwürfel.

vielleicht auch zwei Würfelseiten auf eine Farbe trimmen. Jeder hatte einen, und die Spreu trennte sich vom Weizen. Einige verloren die Lust, aber die meisten duellierten sich damit. Wer den Schlüssel, das heißt die Komplettlösung, einmal eingepaukt hatte, übte sich bis zur Meisterschaft darin, den Würfel zu knacken. Während die Schnellsten von ihnen das komplette Umfeld mit den bunten Quadraten nervte, hatten die Coolsten die Zwischenzeit genutzt, um am Jojo die atemberaubendsten Tricks zu vollführen.

11. bis 14. Lebensjahr

Trendbewusst
auf vier Rädern.

Diskoroller und Rollerdiskos

Ob die Diskoroller wiederum cooler waren als die Inliner heute, wer vermag das zu beurteilen? Jedenfalls prägten die rollenden Schuhe mit den Stoppern vorne dran das Straßenbild nachhaltig. Es ließen sich damit viel rundere Kreise drehen als mit den quietschenden Rollschuhen, die durch mehrere Lederbänder am Schuh befestigt wurden. Nee, das war nix. Außerdem eigneten sich die Diskoroller super zum Rollhockeyspielen. Wir bauten uns zwei Kästen mit der gefühlten Größe eines Eishockey-Tores und verunsicherten die öffentlichen Plätze mit einem Hartgummi-Puck. Manche zogen auch einfach so ihre Kurven oder besuchten jene „Rollerdiskos", die plötzlich wie Pilze aus dem Boden schossen. Dort klang die Musik frisch und eingängig. Die Jungs waren echt frech und die Mädchen total süß. So ein später Nachmittag in der Disko, der war schon „geil". Ein Wort, dessen Bedeutung wir noch ergründen mussten.

„Nach Hause telefonieren"

Steven Spielberg löst mit seinem Alien-Drama für Kinder ein kollektives Schluchzen aus. „E.T. der Außerirdische" kam 1982 in die Kinos und brachte es fertig, dass Eltern und Kinder gemeinsam um das Wohl des Außerirdischen weinten. Spielberg machte das geschickt: Die Kamera blieb in der Perspektive des Kindes. Erwachsene sind oft nur vom Fuß bis zur Hüfte zu sehen. Der italienische Special-Effect-Künstler Carlo Rambaldi (Alien, Dune, Conan der Barbar) formte einen Außerirdischen nach den Gesichtszügen von Albert Einstein und Ernest Hemingway. Spielberg machte hier im Zusammenspiel von Musik, Bild und Handlung sein Meisterstück. Eine Gastrolle übernahm der spätere Indiana Jones, Harrison Ford. In den Pausen der Dreharbeiten von „Blade Runner" sprang Ford bei Spielberg vor die Linse als Lehrer der Klasse, in die E.T.s Gastgeber Elliot ging. „E.T." half nicht nur der Kino-Branche auf die Beine. Der Streifen gilt als Pionierfilm für Schleichwerbung. Der Verkauf von BMX-Rädern, Atari-Spielen und Produkten einer Süßwaren-Marke schnellte durch den Film in die Höhe.

Fönwelle und Gewinnerlächeln:
Entspannt am Strand von Cala Ratjada.

„Wenn dein Mund lacht"

Die jungen Teenager haben sich von „BRAVO" und Co. aufklären lassen.
Großen Aufschluss über die Geheimnisse der Liebe gaben die Tipps von
Dr. Sommer freilich nicht. Das waren die Ratschläge: Unverkrampft sein, aber
vorsichtig; selbstbewusst, aber nicht fordernd; ehrlich, aber nicht verletzend;
offen, aber nicht zu direkt. Wer die Ratschläge befolgte, kam wohl selten auf
einen grünen Zweig.

Interessanter waren da schon die neuen Liedertexte, die durch die Neue
Deutsche Welle an unsere ungeschulten Ohren drangen. Dazu ein Zitat des
Münchner Interpreten Zaza (Zauberstab): „Wenn dein Mund lacht, geht in mir
die Sonne auf. Mit dieser Zaubermacht weckst du meine Lenden auf ..."
Was zum Henker sollte der Text dieses Schlagers aus dem Jahr 1982 bedeu-
ten? Wir spulten einen der 330 Millionen verkauften Sony-Walkmen wieder
zurück und hörten uns das merkwürdige Textstück noch einmal an. Irgendwas
musste dran sein am „Lendenerwecken". Das wussten wir. Niemand aus dem
Freundeskreis traute sich, das Stück auf seiner Stereoanlage laufen zu lassen.
Dasselbe galt für „Skandal im Sperrbezirk" von der Spider Murphy Gang oder
„Pornokino" von einer Band, wie hieß die noch gleich?

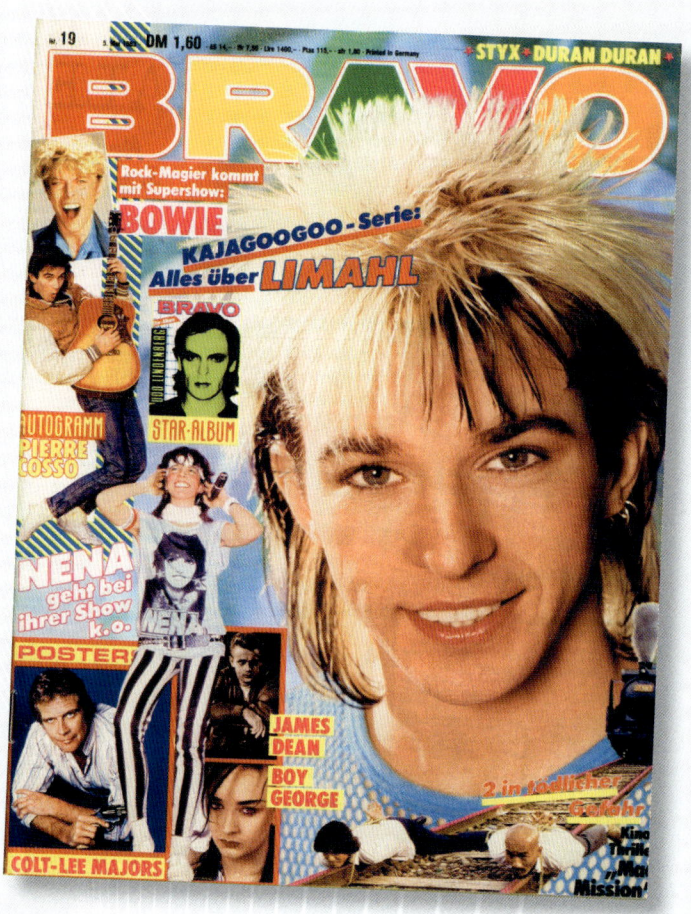

Stars, Heroes und ganz viel Petting

Marilyn Monroe zierte die erste Titelseite der Bravo, einem 1956 erstmals erschienenen Jugendmagazin, das sich hauptsächlich dem Glam und Glitzer aus Hollywood widmete. In den späten 70er-Jahren übernahm das Journal aus der Verlagsgruppe Bauer in Hamburg die Hoheit über die aktuelle Jugendkultur. Was in der Bravo stand, war angesagt. Die Sexual-Kolumne hatte anfangs ein Arzt übernommen, den die Redaktion „Dr. Joachim Sommer" nannte. Dr. Sommer wurde fortgeführt.

Bis heute behauptet Bravo, ein Team von Experten sei für die Tipps verantwortlich. Talking about „Team" und „Tipps": Bravo förderte in der 80er-Jahren den verbreiteten Gebrauch von Anglizismen in der deutschen Sprache. Der zweifelhafte Ruhm des „Teams Dr. Sommer" besteht jedenfalls darin, eine ganze Generation aufgeklärt zu haben. Erste Opfer sind die Leser, die Anfang der 70er-Jahre geboren wurden. 1985 machte der Bauer-Verlag auch die Meinung bei den heranwachsenden Mädchen: BRAVO Girl.

Die Geburtsstunde des deutschen Musikfernsehens

Die Popmusik, in die der 71er-Jahrgang hineinwuchs, war zu großen Teilen von erlesener Qualität. Bei den ersten sinnstiftenden Fragen begleitete uns 1981 Phil Collins mit „In the Air tonight", 1982 kam Falco mit seinem sensationellen „Der Kommissar" auf Platz eins. Ebenso Nicole, die uns die Bedeutung des „Grand Prix de la Chanson d'Eurovision" klarmachte und irgendwie auch unsere friedliche Grundhaltung festigte. Es folgte das Nummer-eins-Jahr, als Culture Club („Do you really want to hurt me"), Paul Young („Come back and stay"), Kajagoogoo („Too shy") und Laid Back („Sunshine Reggae") uns in den Ohren lagen. Herrlich diese Musik, ein echter Soundtrack für die Geburtsstunde des deutschen Musikfernsehens. Peter Illmann strahlte als erster deutscher „VJ" bei „Formel Eins" verkrampft in die Kamera. Aber er wirkte trotzdem lässig zwischen den Videoclips in seinem roten Jäckchen. Ingolf Lück (ab 1985) und Stefanie Tücking (ab 1986) kamen an Illmann nicht mehr heran. Die Mädchen liebten Illmann, die Jungs eiferten ihm nach und ruckelten ihre Blousons nach oben. Je höher, desto besser.

Dauerwellenbrenner: die Moderatoren Peter Illmann (links) und Ingolf Lück.

11. bis 14. Lebensjahr

Die völlig neue Videoclip-Kultur und der Synthie-Sound „Made in Germany" (Kraftwerk!) spülte auch reichlich Massenware an die Oberfläche. „Modern Talking" sind so ein Produkt der 80er-Jahre. Niemand spielte so peinlich Luftgitarre wie Bohlen, keiner sah im Goldkettchen so albern aus wie der getoastete Thomas Anders. Und keine Band, nicht einmal die Ramones, wagten es, aus so wenigen Akkorden so viele Songs zu produzieren. Aber das Schlichte gehört zum Quell der 80er-Jahre, die politisch schwierig zu werden drohten.

Vanilla und Black Star

Im Kollektiv lachten wir damals lauthals über die Schlaghosen der 70er-Jahre, natürlich über die Tapeten und die toupierten Haare der Tanten aus der Nachbarschaft. Heute lachen die andern über uns. Kein Wunder. Denn was sind das für Bilder, auf denen wir wahlweise „Adidas color" oder „Puma Black Star" tragen; darüber die hochgepufften Vanilla-Hosen in den schillerndsten Farben oder Domestos-gewaschene Jeans mit Leder-Absätzen an den Nähten? Netzhemden schmücken dort die viel zu weiten „Top-One"-Pullis. In einem Internet-Forum des Jugendmagazins „jetzt!" bekannte sich eine Teilnehmerin, sie sei in „Brautmodengeschäfte gegangen, weil es nur dort die weißen Handschuhe gab, die wir unbedingt brauchten, um zur Rock Steady Crew einen angemessenen Breakdance hinlegen zu können". Das klingt nach merkwürdigen Angewohnheiten. Aber wir durften noch kreativ sein bei dem Versuch, dem modischen Mainstream zu folgen.

Männerrunde: Puma Black Star an den Füßen und Fußball im Kopf.

46

Schwarm aller Jungs, Vorbild aller Mädchen: Nena.

Frühreif im Handstreich

Mitschwimmen war eine ganz wichtige Eigenschaft dieser Jahre, die erfolg-
reiche Erwachsene hervorbrachte. „Yuppies" nannten sich diese seelenlosen
Typen. Gefühlsmäßig gaben die Mädchen den Takt vor, zu dem die Jungs
wohl oder übel Blues tanzen mussten, wie sich das langsame und enge
Tanzen damals nannte. Mit Dreivierteltakt hatte das wenig zu tun. Der wirkliche
Blues lag in der Peinlichkeit, wenn die Auserwählte die erotische Anspannung
des Gegenübers spürte. Für so einen Blues eigneten sich die ersten Klassen-
partys ganz prima. „Only You" von den Flying Pickets lief dann, „Flugzeuge im
Bauch" von Grönemeyer oder „Power of Love" von Frankie goes to Hollywood.
Es gibt schlimmere Lieder für den ersten ernst gemeinten Kuss. Aber es gab
keine schlechteren Filme als „Gib Gas, ich will Spaß". Trotzdem genossen viele
von uns mit Markus und Nena die ersten zärtlichen Stunden: Wenn eine Hand
endlich den Mut aufbrachte, sich an die andere zu schmiegen.

Ein ungleich ernsterer Film machte uns Angst. „The Day After" lief 1984 frei „ab 12" in den deutschen Kinos. Der Schluss des ersten Atomkriegsfolgen-Streifens sorgt heute noch für dieselbe Gänsehaut wie damals. „Raus aus meinem Haus", keift der radioaktiv zersetzte Doktor Oakes einen Leidensgenossen an. Der machte Rast auf einem Trümmerhaufen, der offenbar eine Woche zuvor noch Oakes' Heim gewesen war. Alles war kaputt: Häuser, Tiere, Menschen, sogar die Luft war giftig. Das war gruselig. Wir griffen fest nach der Hand, wenn in diesem Moment eine da war.

Die ersten Erfahrungen mit Alkohol machten Jugendliche meist, da waren sie noch längst keine 16. Es kann der Riesling aus dem Weinkeller der Eltern gewesen sein (im besten Fall der 71er), einige Flaschen Bier oder der mehr oder minder zufällige Genuss von Sekt auf einer Hochzeit. Die Kopfschmerzen am nächsten Morgen jedenfalls verhießen für die Zukunft nichts Gutes. Auch die ersten Züge an der Zigarette nicht. Wer behauptet, der erste Zug sei ein Genuss gewesen, ist ein Lügner. Dennoch versteckten sich die 14-Jährigen auf der Mädchen-Toilette, aus Angst, der Pauker könnte sie erwischen.

Die Zeit von Hanni und Nanni, sie war vorbei.

Die Vorbilder aus Texas

Andere Probleme als Pferdestriegeln rückten in den Vordergrund. Auch transportiert durch ein bemerkenswertes Gesellschaftsbild, das die US-Serie „Dallas" ab dem 30. Juni 1981 nach Deutschland brachte. Intrigen, Macht, Geld und Sex-Appeal schienen das Wichtigste in einer gut funktionierenden Familie zu sein. Die wenigsten bekamen mit, dass die ARD den Zuschauern sogar einige Spitzen vorenthielt. Episoden mit ausgeprägten Sex- oder Gewalt-szenen auf der Southfork-Ranch (immerhin gab es Pferde) ersparten die Programmmacher ihrem Publikum. Beim Denver-Clan, der ab dem 24. April 1983 auf Sendung ging, spielte Sex eine noch größere Rolle. Aber auch ein Bild der Frau, die herumgeschubst wird, wie es den mächtigen Männern der Gesellschaft gefällt. Auch das mag ein Punkt gewesen sein, warum die Eltern das Schauen dieser beiden Sendungen (nach 21 Uhr) missbilligten. Wahr-scheinlich wollten sich die Großen jene Ränkespiele aus Übersee aber abends lieber in Ruhe ansehen. Bei der dritten US-Seifenoper Falcon Crest (ab September 1983) hingegen durften wir mit Genehmigung zuschauen. Ohne Dallas und Denver-Clan hätte die Pubertät wahrscheinlich noch länger auf sich warten lassen. Wir gewöhnten uns an die rauen Sitten, die offenbar da draußen herrschten. Was uns bei „Aktenzeichen XY" noch Angst einflößte, trieb uns durch den Tatort-Kommissar Schimanski ab 1981 zur Tat. Heimlich hielten wir Ausschau nach der M65-Jacke und warteten geduldig auf die ersten Ansätze des Oberlippenbarts.

Beziehungs-Zoff: Sue Ellen und J. R. Ewing.

Mit Verlaub, Herr Präsident

Frauenpolitik, Menschenrechte und ziviler Ungehorsam gegenüber der zivilen Nutzung der Atomenergie: Teile der „Linken" und bürgerliche Umweltschützer fanden diese Themen im Parteiensystem nicht mehr wieder. Am 12. und 13. Januar 1980 fanden sich Vertreter kommunaler und landesweiter Verbände wie der „Alternativen Liste" oder der „Grünen Liste Hessen" in Karlsruhe zusammen und gründeten die Partei „Die Grünen". August Haußleiter, Norbert Mann und Petra Kelly wurden im Mai zu den ersten Parteisprechern gewählt. Vor allem Petra Kelly galt als Galionsfigur und Gewissen

innerhalb der von „Spontis" und „Fundis" oft gespaltenen Parteispitze. Die Grünen forderten 1980 die einseitige Abrüstung, die Stilllegung aller Atomanlagen und die Abschaffung des Paragraphen 218. Schon 1983 zogen die Grünen im „Mutterland" Hessen in den Landtag ein, 1983 eroberten die „Chaoten" den Bundestag. In den ersten Jahren herrschte ein kämpferischer Ton von links. Berühmt wurde die Feststellung Joschka Fischers im Oktober 1984 gegenüber Bundestagspräsident Richard Stücklen im Zusammenhang mit der Flick-Affäre: „Mit Verlaub, Herr Präsident, Sie sind ein Arschloch!"

11. bis 14. Lebensjahr

Mit Gänsehaut durch Sturm und Drang

Die Basics am Computer

Während „Schimi" die Duisburger Nacht von Bösewichten befreite, kämpfte die Atari-geübte Generation mit ganz anderen Bösewichten. Zahlreiche Nächte bewegten wir uns in einer digitalen Welt zwischen 0 und 1. Die ersten Erfahrungen waren ernüchternd. Aus Fachzeitschriften tippten wir wilde Computersprachen-Texte in den Commodore VC20, den ersten Heimcomputer für Kinder bildungsnaher Eltern. Der leberwurstbraune Kasten bestrafte jeden Tippfehler mit „Syntax Error". Und Fehler machten wir eine Menge.

Der Nachfolger des kurzlebigen VC20, mit dem sich noch nicht einmal vernünftig „Space Invaders" spielen ließ, stand ab August 1983 für 1495 Mark in den Läden. Der C64 öffnete eine Tür in zuvor unbekannte Dimensionen. Wofür aber benötigte ein Haushalt einen Personal Home Computer?

Chronik

Wir wussten es: Erstens stellten die C64-Spiele alles bis dato Gekannte in den Schatten, zweitens wurschtelten wir uns in einen Kosmos, in dem die Erwachsenen selbst mit Anleitung im Dunkeln tappten. Auf dem 8-Bit-Heimcomputer, dazu wahlweise Kassettenlaufwerk und/oder Floppy-Laufwerk, kopierten wir illegal die neueste Software. Dieser Vorgang an sich war schon spannend. In zum Teil brutalen Spielen wie „Barbarian", „Aztec Challenge", „Ghostbusters", „Choplifter", „Bruce Lee" oder pfiffigen Vertretern wie „Boulder Dash" wetteiferten wir ums nächste Level und den größten Fundus an Spielen. Hätten wir was zu sagen gehabt, wäre der Erfinder von „Turbo Tape II" für den Nobelpreis nominiert worden, weil sich das Laden der Spiele um ein Vielfaches verkürzte. Angetrieben durch die ersten Abenteuerspiele, den „Adventures", begann die Beschäftigung mit der Computersprache „Basic". Mit der Hilfe von Handbüchern programmierten die Findigsten ihre eigenen Spiele anhand komplizierter „If-Then"- und „For-Next"-Schleifen. An diesen Tagen schier sinnloser Beschäftigung an einer königsblauen Benutzeroberfläche hat es gelegen, dass die 71er-Generation den kompletten Umstieg auf digitalisierte Arbeitsprozesse besser verkraftete als der Arbeitsmarkt. Was interessierten uns die Warnungen, die Einführung von Computern und Robotern werde Arbeitsplätze vernichten? Von wegen.

Uns junge Jugendliche brachte der C64 einen Haufen Arbeit. Zudem konnte man prima abschalten, weil nach der ersten Liebe auch schon der erste Laufpass folgte. Wie schnell das ging, hatten wir bei Dallas gelernt. Deshalb avancierte das Abenteuer „Dallas Quest" auch zu einem unserer Lieblingsspiele.

Mittelscheitel und Dauerwelle: In Blousons machten wir die Straßen unsicher.

Rebellion und Konsum

Derart in uns gekehrt, wuchsen an Rechnern die Haare wieder lang. Derweil spalteten sich auch die Mädchen in Mode-Mitläufer und politische Aktivistinnen in Parka und Intifada-Schals auf. Einige wenige der 71er hatten die Kraft der Rebellion schon 1983 im „heißen Herbst" gespürt. 100 atomkopfgespickte Mittelstreckenraketen sollten in der Bundesrepublik stationiert werden. Auf dem Höhepunkt der Demonstrationen gegen die Einfuhr der Pershing-II-Raketen protestierten 1,3 Millionen Bürger dagegen, blockierten den US-Stützpunkt Mutlangen und kamen zur Abschlusskundgebung am 22. Oktober nach Bonn. Als Mama zugab, sie habe die Grünen für die Zukunft meiner Umwelt gewählt

„Heavy Metal – Loud as it can be … "
(Manowar: Metal Daze)

– wie sollte man sich da fühlen? Es wurde auf einmal etwas angeleiert, damit das Waldsterben aufhörte, die Atomraketen verschrottet wurden und die Autos auf den Straßen weniger wurden statt mehr. Denn eines merkten wir deutlich: So sehr sich jeder nach Mobilität sehnte und zum 15. Geburtstag eine „Kreidler Flori" wünschte: Unser Platz auf der Straße war eng geworden. Diese Tatsache machte einige stutzig, andere wütend, die meisten allerdings schwammen weiter mit dem Strom. Bei dieser Generation ist das nicht anders als bei anderen.

Eines jedoch unterschied sich gravierend: Die Variationen der Rebellion gegen „die da oben" lagen in kaum einer Geburtsklasse so weit auseinander. Die Unschuld der Kindheit war dahin, die Möglichkeiten schienen unendlich, die Freiheit kaum zu fassen. Wir entwickelten uns zu Poppern, zu Punks, zu Heavys, auch zu Skins, zu Hooligans, zu Teds und Grufties. Ob es half Orientierung zu schaffen? Fraglich. Denn gleichzeitig setzte eine in dieser Heftigkeit nie zuvor gekannte Bewegung seitens der Industrie ein. Die Konzerne und die neuen Medien streckten die Arme nach uns aus, produzierten einen Kult nach dem anderen und ließen uns nach dem Ende des „Booms" allein mit dem schönen Talent. Was oft als Rebellion gedacht war, gleicht aus heutiger Sicht einem sich ständig wiederholenden Einstieg in die Konsumgesellschaft.

Die Wirtschaft der 1980er-Jahre stellte sich auf jugendliche Bedürfnisse ein, formte sie zu Massenwünschen und warf sie in Form neuer Produkte auf den Markt. Auch das ist ein Erbe der 80er.

Die Protestwelle nach der Strahlenwolke.

Block 4 brennt

Der aufrüttelndste Jugendfilm der 80er-Jahre kam bezeichnenderweise erst heraus, als unsere Jugend gerade beendet war. „Der Club der toten Dichter" beschäftigte sich 1989 mit der Suche nach Orientierung und Vorbildern in der Jugendzeit. Aber welchen Wert besaß unsere Jugend? In welche Epoche wuchsen wir eigentlich hinein, zwischen Konsum und Ereignissucht auf der einen, Protest und Friedensliebe auf der anderen Seite? Die 1971 Geborenen konnten sich bis zur Pubertät einigermaßen sicher fühlen ohne Kriege und Naturkatastrophen in der näheren Umgebung. Das änderte sich am 26. April 1986 schlagartig, an dem Tag der einzigen Katastrophe, die von außen über uns kam. Im Kernkraftwerk in Tschernobyl brannte Block 4, radioaktives Material bahnte sich den Weg in die Umwelt. Auf einer Garagenanlage eiferten wir derweil unserem Vorbild Boris Becker nach, der 1985 als erster Deutscher das Wimbledon-Turnier gewonnen hatte. Vom Balkon rief jemand, wir sollten sofort reinkommen, ob wir die Wolke nicht sähen, ob wir verrückt seien, der Regen darin sei radioaktiv verseucht. Die Wolke kam näher, der Regen herunter, wir wurden nass. Die Tropfen fühlten sich anders an als sonst. Sie verursachten eine Gänsehaut, nicht wegen der Kälte. Es war Wochenende, ein warmer Frühlingstag.

Tschernobyl und Wackersdorf

Die Meinungen über Sinn und Unsinn der zivilen Nutzung von Atomenergie gingen schon Anfang der 80er-Jahre weit auseinander. Auch Schulklassen spalteten sich in zwei Lager. Die Protestaktionen begannen mit Sitzblockaden schon in den 70er-Jahren. Das Symbol der Atomkraftgegner zeigt eine rote Sonne auf gelbem Grund. Prominenteste Beispiele für die Proteste sind die Wiederaufbereitungsanlage in Wackersdorf und das Atomkraftwerk Wyhl. Die geplante Wackersdorf-Anlage wurde nie fertig gestellt wegen der Proteste, die schon Anfang der 80er-Jahre mit Besetzungen und mehreren 1000 Protestlern begann. Nach dem Unfall in Tschernobyl stieg die Zahl der Demonstranten dramatisch an. 100 000 waren es am Ostersonntag 1986. Zu Pfingsten lieferten sich Atomkraftgegner und Polizei erbitterte Kämpfe. Im Sommer solidarisierten sich prominente Musiker mit den Demonstranten und gaben beim „Anti-WAAhnsinns-Festival" ein Konzert vor 150 000 Besuchern. BAP, die Toten Hosen, Udo Lindenberg, Rio Reiser und Herbert Grönemeyer waren damals mit von der Partie. Als Folge des Super-GAU von Tschernobyl und der anschließenden Proteste ging beispielsweise der „Schnelle Brüter" von Kalkar gar nicht erst ans Netz.

Gruselige Aussichten

In der Zeit zwischen dem 15. und 18. Lebensjahr wurde einer behüteten Generation gehörig der Kopf gewaschen. Neben den Aufregungen des Alltags, den Problemen in der „Peer-Group", den schulischen Rückschlägen, den nervenden Eltern und schmachtender Sehnsucht führten die Nachrichten uns täglich die Verantwortung vor, die in der Zukunft auf uns lasten würde. Eine schwere Last. Das wussten wir nach dem „Schock" von Tschernobyl. Die Stimmung in der Woche nach dem Super-GAU wurde immer gruseliger. Die Schule fiel am Montag nach der Katastrophe aus, die Erwachsenen stürmten die Blechdosenregale und hamsterten. Ältere Menschen, die den Zweiten Weltkrieg erlebt hatten, rieten unseren Eltern dringend dazu, den Keller bis unter die Decke mit Kohle, Holz, Essen und Trinken vollzupacken. Einige faselten etwas von Auswanderung. Bei Katastrophen kannten sich die Leutchen aus. Wir nicht. Uns interessierten bis dahin andere Sachen: Boris Becker zum Beispiel, die bevorstehende Fußball-WM in Mexiko, unser Führerschein der Klasse 1B, die neue Falco-Single „Jeanny" oder die neue Folge der „Lindenstraße".

Der Knabe aus Leimen

Trotz zahlreicher Karriere- und Seiten-
sprünge ist Boris Becker immer der
17-jährige Wimbledon-Sieger aus Leimen
geblieben. Insgesamt gewann er
49 Turniere, davon sechs Grand-Slam-
Turniere, davon drei in seinem „Wohn-
zimmer" in Wimbledon. In mehrfacher
Hinsicht war der erste Triumph Beckers
am 7. Juli 1985 einzigartig: Als erster
Deutscher, als erster Ungesetzter und als
jüngster Spieler aller Zeiten gewann er
das Finale im wichtigsten Tennis-Turnier
der Welt – mit 3:1 nach vier Sätzen gegen
den Südafrikaner Kevin Curren. Weder
die Niederlage in einem späteren Finale
gegen Michael Stich, noch die Besen-
kammer-Affäre (Stichwort Samenraub)
konnte das Bild vom hechtenden Jüngling
mit roten Haaren und dem naiven Lachen
unter einem viel zu großen Pokal aus der
Erinnerung löschen. Steffi Graf hingegen,
sportlich ungleich erfolgreicher, gewann
irgendwie immer auf die gleiche Art.

Ab 1987 stand sie mit Unterbrechungen
377 Wochen auf Platz eins der Weltrang-
liste, sie kam aber dennoch „nur" aus
Mannheim.

Der Trick mit der Schallplattennadel

Vor allem aber ging es uns um Sex. Wie geht das? Wie wird das erste Mal
schön, das zweite Mal vielleicht besser? Diese Fragen haben sich alle Generationen gestellt. Neu war, dass eine neue Krankheit uns schon früh den Spaß an
ungehemmter sexueller Lust nahm, die unsere Eltern so tapfer für sich erstrit-
ten hatten. Die 71er bekamen anlässlich ihrer Geschlechtsreife die ersten
Packungen Pariser ungefragt mitgeliefert. Die Katastrophenmeldungen in den
Zeitungen mit großen Buchstaben wurden schlimmer. Das Gespenst hieß
„AIDS". 1986 bekam der Erreger den Namen „Humanes Immundefizit-Virus",
HIV. Es ging fortan nicht mehr allein um Verhütung von Schwangerschaften,
sondern darum, sich vor AIDS zu schützen.

Mädchen hatten die Pille oft schon mit 14, 15 Jahren verschrieben bekommen und orientierten sich meist an den Jungs des älteren Jahrgangs; standen in Gruppen auf dem Schulhof und schmissen sich an die coolen Jungs aus der Oberstufe ran. Jungs suchten unter „ihresgleichen" und ließen sich beim „Verführen" allerhand Unsinn einfallen. Berühmt ist der aus der Mode gekommene Schallplattentrick. Als es noch keine „Repeat"-Funktion am Plattenspieler gab, klemmten wir einen Stift zwischen die Ablage des Nadelkopfes und den Beginn der Schallplatte. Das Ziel war klar: Die Schmusesongs sollten so lange laufen, bis wir mit unserer Zungenübung fertig waren. Und das konnte lange dauern. Wir hätten jeden Wettbewerb im Knutschen ohne Luftholen gewonnen. Ganz sicher.

Flausen im Kopf und Sprung in der Platte.

Mutter Beimer backt Kuchen

Wenn die Schulaufgaben morgens schnell abgeschrieben waren, drehte sich das Gesprächsthema am Montag um die jüngste Folge der Lindenstraße. Die erste Serie lief am 8. Dezember 1985 im ersten Programm. Fortan war sonntags um 18.50 Uhr Lindenstraßen-Zeit. Was für einen Kuchen backt Mutter Beimer ihrem „Hansemann", Klausi und Benny denn diesmal? Findet Georg endlich sein Glück mit seinem neuen Freund? Den ersten Kuss zweier gleichgeschlechtlicher

Partner zeigte die Lindenstraße übrigens erst 1990, was Proteste auslöste und den Bayrischen Rundfunk dazu veranlasste, die Folge gar nicht erst zu zeigen. Ebenso Bennys Engagement bei der tatsächlich existierenden Umweltorganisation „Robin Wood". Die Aktualität der Serie war manchmal unfassbar. Auch politisch stellte Schöpfer und Regisseur Hans Geißendörfer zwei Dinge klar: Rechts ist böse, das Gute liegt in der linken Mitte.

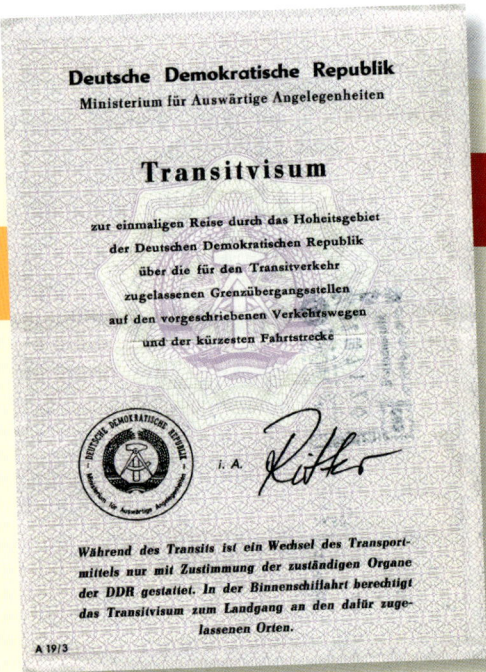

Frankreich, Spanien, Griechenland und Berlin Ost

Das Leben im Jugendalter gestaltet sich niemals eindimensional. Die Zeit ließ sich mit Knutschen, Kino und Computerspielen allein nicht totschlagen. Wir wollten unterwegs sein, und das ständig. Bei Jugendfahrten auf Campingplätzen lernten wir Spanien, Frankreich, Griechenland, England, Italien sowie andere Länder und Gebräuche kennen. Fast obligatorisch: Der Klassenausflug nach Berlin. Der Ost-Teil kam uns vor wie ein anderes Land, kaum jemand sprach mit uns. Die Mauer präsentierte sich aus der westlichen Perspektive als bunte Plattform für viel zu große Liebeserklärungen und politische Parolen. Die Wirkung der Mauer kam weniger bedrückend rüber. Dafür irgendwie chaotisch. Das fanden wir auf der einen Seite gut.

Mit der frisierten „Flori" zur Tanzschule

Die Welt war viel zu groß geworden, zu Fuß ließ sie sich nicht mehr bewältigen. Die Notwendigkeit nach individueller motorisierter Mobilität lag auf der Hand. Wer nicht auf einer frisierten „Flori" herumknatterte, versuchte, sich bei den Eltern das Geld für ein 80-ccm-Motorrad oder einen Roller zu erbetteln. Diese Maschinen durfte man mit 16 steuern und auf der Autobahn fahren. Das war wichtig, zumal auf dem Land. Die nächste Diskothek befand sich unter Umständen einige Kilometer weit entfernt. Tanzen war ein Muss. Eine echte Zappelwelle überschwemmte Deutschland. Die Vorbilder hießen Jennifer Beals, Patrick Swayze und Kevin Bacon. Die Filme „Flashdance" (1983), „Footlose" (1984) und „Dirty Dancing" (1987) sorgten für volle Tanzschulen.

Das Schauspiel in den Schulen des geübten Schritts verlief immer nach ähnlichem Muster. Die Eltern beobachteten stolz die prächtige Kulisse: Hier die wippende Fönwelle, der Lippenstift, die hellblauen Lidschatten und der süße Duft von Jasmin, Orangenblüte und Ylang Ylang („Loulou? Oui, c'est moi"). Drüben standen schmale Gestalten, reingeschossen in Schlips und Anzug, auf dem Kopf die „Vokuhila" (vorn kurz, hinten lang) in einem Zustand zwischen nass und trocken (Gel), der Körper darunter eingehüllt in eine Wolke von Drakkar Noir. Aus Tanzpartnerinnen wurden manchmal Partnerinnen, meistens aber nicht, weil die wenigsten sich gern an den Abschlussball erinnern. Der gehörte – anders als in den USA – nämlich keineswegs zu jenen Reifeprüfungen, die wir ernst nahmen. Um erwachsen zu sein, mussten schon andere Mutproben her.

Der Abschlussball in der Tanzschule.

Mainstreamer und Kultursnobs

Die Hits in den Charts wurden immer uninteressanter, „Formel Eins" schauten wir nur noch, um über diesen Einheitsbrei ablästern zu können. Der Musikgeschmack driftete unter den Altersgenossen weit auseinander. Die Mehrheit schloss sich naturgemäß einem Massengeschmack an. Der gefühlte Zustand damals: Wir grenzten uns ab von denen, die „anders" waren. Wer Punkmusik hörte, verabscheute Depeche Mode. Popper schauten hochnäsig auf die stinkenden Hippies herab, Grufties fanden alles doof, die Ökos nervten, die Skins hassten alle und alle hassten sie. Es gab keine einheitliche Jugendkultur in den 80er-Jahren. Jede Gruppe identifizierte sich – meist über die Musik –

15. bis 18. Lebensjahr

Fein gemacht: Party „in Schale".

mit der eigenen „Peer Group". Wer beispielsweise aufs Gymnasium ging, hatte mit Hauptschülern gar nichts am Hut. Dasselbe galt umgekehrt.
Es gehört zu den Eigenschaften des 71er-Jahrgangs, Kultursnob zu sein.
Wir beurteilten alles aus der „Kult-Perspektive", ohne zu merken, dass uns die Industrie dabei gehörig aufs Kreuz legte. Einer Identität kamen wir dadurch jedenfalls nicht näher.

Lieber Golf als Manta

Vielleicht half die Berufswahl bei der Identifikationssuche. Die Arbeitslosigkeits-quote in Westdeutschland jagte uns jedenfalls keine Angst ein. Die Stimmung war trotz Umweltkatastrophen positiver als nach der Jahrtausendwende. Das lag einerseits auch daran, dass Michail Gorbatschow den Zündstoff aus dem Pulverfass nahm, das sich „Kalter Krieg" nannte.
   Wir planten unseren Führerschein der Klasse 3. Nach einem Dutzend Theoriestunden und sieben Nachmittagen Übung fielen wir das erste Mal durch die theoretische Prüfung. Geheilt von der peinlichen Erfahrung machten die meisten ihr Meisterstück erst beim zweiten Versuch. Und der praktische Teil?

Der war immer lustig, weil der Fahrlehrer stets eine alte „Otto-Kassette" ein-
schob („Otto versaut Hamburg"), die wir seit Jahren mitsprechen konnten.
Einmal fragte der Fahrlehrer, noch kichernd von Ottos Theo-Sketch: „Wie viel
Uhr ist es eigentlich?" „Halb sechs!", „Tja, dann mach ma flott das Licht an."
Mit dieser Pädagogik konnte jeder was anfangen.

Unbelehrbare BMX-Racer schafften sich nach bestandener Prüfung so
schnell es ging einen Manta an. Zu allem Überfluss brachte Opel den GSI auf
den Markt. Altersgenossen, die schnell zu Geld gekommen waren, rasten mit
so einem Teil durch die Gegend. Das Gute daran: Der war schon tiefer gelegt.

Die Fabrikate der Firma Volkswagen wirkten für junge Frauen wesentlich
passender. Der Käfer war für
Autonarren immer noch das
angemessenste Symbol von
Mobilität. Die Klimaanlage
(das Drückfenster vorn links)

Die Kutsche, die einer Generation
den Namen gab.

Das coolste erste Gefährt war
zweifellos der VW Käfer.

funktionierte immer, ein Kotflügel war gelb, der Rest orangefarben und sah immer danach aus, als ob er sofort in die Werkstatt musste. Nachdem der Boxermotor seinen letzten Atemzug getan hatte, stiegen viele um in den Golf II. Deshalb allein gehören wir allerdings nicht zur „Generation Golf". Wir könnten auch der „Generation C64", der „Generation Dallas" oder der „Generation Greenpeace" angehören. „GG"-Autor Florian Illies, selbst Jahrgang 1971, überspitzt die entscheidenden Kennzeichen des besonderen Jahrgangs. Grundsätzlich hat der Altersgenosse schon recht: Die Marken-Hörigkeit stand uns in der Tat ins Gesicht geschrieben. Wir waren verwöhnt bis in die gegelten Haarspitzen. Die Automarke spielte angesichts unseres Nullkommanix-Kontos dann doch nicht die entscheidende Rolle.

Die Einheit im Schnelldurchlauf

Die wirtschaftliche Krise im Innern der DDR, die außenpolitische Umbruchstimmung der „Perestroika" und die Starrköpfigkeit der SED-Spitze forcierten die Selbstauflösung der DDR. Nach dem Abbau der Grenzanlagen von Ungarn nach Österreich begann im Sommer 1989 die Massenflucht in den „goldenen Westen". Am 23. August kamen die Flüchtlinge über Budapest, am 30. September über Prag und Warschau in die Bundesrepublik. Zahlreiche Auffanglager sorgten für eine vorübergehende Bleibe für jene, die nicht bei Verwandten oder Freunden unterkamen.

Am 9. Oktober erreichten die Montagsdemonstrationen in Leipzig mit 70 000 Teilnehmern ihren Höhepunkt. Zum ersten Mal war das sprichwörtlich gewordene „Wir sind das Volk" zu hören. Die Staatsmacht mischte sich „in Zivil" unter die Protestierenden, hatte aber gegen die

friedlichen, aber entschlossenen Genossen keine Chance. Die Masse blieb geduldig. Noch am 5. Oktober hatte Michail Gorbatschow prophetisch zu Erich Honecker gesagt: „Ich glaube, Gefahren warten nur auf jene, die nicht auf das Leben reagieren." 13 Tage später trat Honecker zurück.

Ab dem 3. November durften DDR-Bürger formlos in die Tschechoslowakei ausreisen, tags darauf trafen sich auf dem Berliner „Alex" eine Million Demonstranten. Am 9. November schließlich verkündete Günter Schabowski vor laufenden Kameras die Öffnung der Mauer: „Das tritt nach meiner Kenntnis ... ist das sofort, unverzüglich." Am 28. November überrumpelte Bundeskanzler Helmut Kohl mit seinem Zehn-Punkte-Programm zur Einigung Deutschlands die Staatschefs der Alliierten. Am 3. Oktober 1990 feierten die Deutschen ihre „Wiedervereinigung".

Touristenattraktion: Am 9. November 1989 bröckelte schließlich das Symbol der deutschen Trennung.

Eine Kindheit bricht zusammen

Spätestens mit dem Super-GAU in Tschernobyl war unsere naive Kindheit vorüber. Wir lenkten das Interesse spät, aber gezielt auf politische Zusammenhänge, viele junge Männer schrieben den längsten Aufsatz ihres Lebens mit der Begründung für die Verweigerung des Wehrdienstes an der Waffe. Aber mit der größten Überraschung des Jahrzehnts hatte kaum jemand gerechnet. Die Jahre der Jugend mündeten in den Mauerfall von Berlin am 9. November 1989. Wir waren fast alle 18, plötzlich erwachsen und neuerdings „ein Volk". Die Leute im Fernsehen soffen Sekt und heulten vor Freude. Obwohl die meisten 71er schon den pinkfarbenen Führerschein besaßen, setzte sich kaum einer in die Karre und fuhr „rüber". Es sei denn, man hatte Verwandtschaft im Osten. Wir blieben zu Hause, trommelten Freundinnen und Freunde zusammen, stießen mit Bier darauf an. Aber worauf eigentlich? Auf dass nichts so bleiben muss wie es immer war. Wir spülten diese Weisheit hinunter, zogen wenige Wochen später von zu Hause aus und wuschen unsere dreckige Wäsche fortan selbst. Es verhält sich wie mit dem Riesling: Späte Reife ist eine herausragende Qualität der 71er.